AQUARIUS

AQUARIUS

AQUARIUS

AQUARIUS

Vision

一些人物，
一些視野，
一些觀點，
與一個全新的遠景！

愛情創傷來自童年創傷

走出受害者、拯救者、加害者的陰影與複製

黃惠萱 臨床心理師

【推薦序】

怎麼做，才能談一段正常、健康、幸福、滿意的感情？

SKimmy **你的網路閨蜜**（YouTuber & 作家）

「三十歲的時候，你肯定會收穫的幾樣東西，分別是：一拖拉庫來自工作的焦慮、社會的壓力，還有至少一段糟糕的感情。」

這一段話，我忘記從哪裡讀來，但因為它實在太讓我會心一笑，便記下了。幾度在聚會的時候引用，沒想到朋友們聽罷都心有戚戚，尤其是女生朋友們。

愛情創傷
來自童年創傷

為什麼呢？這世上彷彿充滿了各種「糟糕的感情」，黃惠萱心理師筆下的十二種病態情人，可能我們自己的身邊，就包括了好幾種活生生、血淋淋的案例。寫下這篇推薦序的同時，台北市的陰冷多雨，正衝擊著小週末原本應有的欣喜，網路新聞上鋪天蓋地都是某位事業有成、聰明獨立的女性公眾人物遭到憤怒失控男友家暴的消息，那是黃心理師開篇第一類的病態——「憤怒情人」。

又比如，去年的這個時候，本該是愉快、幸福的聖誕季節，我卻剛結束一段與「冰箱情人」的熱戀期。對方從溫柔暖男瞬間劣化成說謊渣男，而遭到不公對待的我，卻還在嘗試自我反省：是不是我哪裡做得不夠好？是不是我不夠包容他？我用反省來讓自己產生「仍舊有掌控權」的錯覺，不甘心離開，就想贏一回。

時光飛逝，我已經在忍無可忍後與那位男性分手，又過了一個四季。這一年內，周遭的朋友也在「收穫一段糟糕感情」這個三十歲的成就解鎖任務上，飛也似的突進。有的演活了「控制情人」的角色，卻始終以模範男友自居，不知道伴侶那有口難言的煩惱；有的愛上了「媽寶情人」，卻沒察覺自己的聖母情懷，到最後身心俱疲，陷入迷惘。

這些故事、這些模式，一再地重複出現，化做新聞、八卦、朋友的訴苦、同事的家務事，有時甚至是我們自己遇上的劫數。我們都留意到了這些現象，但卻依稀有種無從下手的障礙，像內衣裡摸不到的一根毛刺，像凌晨時夜不能昧的折騰，如鯁在喉。

感情的問題，往往卻只是從金字塔頂端墜落的石塊。這塊石頭，是因為底下根基不穩、建築年久失修，它才墜落，像骨牌效應的最後一張骨牌，壓死駱駝的最後一根稻草。

「我真的累死了、受夠了，壓根不想再玩這種爛遊戲了欸。我到底該怎麼做，才能談到一段正常、健康、幸福、滿意的感情？」

我跟書裡的苦主們一樣，都曾苦苦思索這個問題，最終我們都找上了像黃惠萱這樣的臨床心理師，走上一條「自我認識」以及「自我接納」的道路。

說來也神奇，要收穫一段美好的兩人關係，必然得先學會經營好一人關係，這麼簡單的邏輯，卻被整個時代的大眾們所忽視。每每說起這樣「思想僵化」的現象，我都對現行常見的學校教育、家庭教育方式，有種恨鐵不成鋼的怨嘆。

作為一名持續不斷在「自我認識」這條路上耕耘的「心理學玩家」，算一算，也在這個項目上努力快兩年了。如果把人的心裡空間形容為一間屋子，許多時候，我都覺得自己根本在「拆厝」，掀掉這塊當年被逼著將就使用的鐵皮屋頂，搬開那個從小就在玄關擋路的神秘雜物。

當黃心理師在書中寫道：「……到了有抽象思考能力的青春期，應該發生一場腦內革命，來過濾掉那些與我們本性不相合，或是與社會時代脫節的概念。有些人在青春期沒有機會這麼做……成年後，我們可以繼續為自己汰舊換新，建立起自己的世界觀……」

腦內革命，這一詞用得多麼好，恰恰正是我一路走來的感受。因糟糕的感情而起，我彷彿是我自己世界裡受虐的人民，我看見內心裡有一個現行的體制，這個體制是引來這些糟糕戀人的罪魁禍首。這個體制，是我在懵懵懂懂的成長階段，被迫或無意識建立起來的、沒能經過深思熟慮的東西，而我現在有機會推翻它、重組它，讓它變得更好。

以現代醫學的觀點來看，人類的「青春期」已經提早從十歲開始，並且推遲到二十五歲才結束，有些人甚至會推遲到三十歲。假設以十八歲法定成年後，才能比較游刃有餘地替自己做決定的華人小孩來看，我們仍舊有七到十二年的時間，可以好好完成這場腦內革命。

每當想到這一層，我總會感到一種史詩般波瀾壯闊的熱血。生命的鮮明也許不會發生在日復一日枯燥乏味的辦公室，也許不會久存於天雷勾動地火的戀情中，但是，在這場腦內革命裡，在通往「自知、自尊、自愛」的路途中，我們可能會首次因為「疼惜自己的不容易」而落淚，也可能在直面「童年的陰影」時而恐慌。這條路上會有顫抖、有怒火，有許多心裡的枷鎖會被翻出，但也有更多的大石頭因此被放下。

到最後，你會坦然（甚至是帶著點好笑地）回顧那些糟糕感情裡的糟糕對象，理解當時你為什麼「眼睛被屎塗到」、為什麼「愛到卡慘死」、為什麼「當然是選擇原諒他」；然後，告訴自己：你真棒，你都走過來了，你完成了這場革命，你終於是自己的主人。

【推薦序】

愈想愈不對勁的愛情，可能就是你採到了爛桃花

／瑪那熊（諮商心理師、約會教練、關係經營講師）

當我們看到「不良情人」、「爛桃花」時，很快會聯想到不時在社會新聞看到的「恐怖情人」、「過度追求」。尤其是這陣子引發眾多討論的政治人物被男友毆打事件，更是讓許多人愈來愈重視「關係暴力」這個議題。然而，除了最常見的肢體暴力（透過推、拉、呼巴掌、毆打、用東西丟砸等方式攻擊伴侶）、言語暴力（藉

由語言輕視、批評、謾罵、貶低伴侶）以及操控暴力（刻意限制伴侶的生活行動、人際互動、金錢使用等），也是會讓我們在關係中受苦受難的模式。更別說不少爛桃花會搭配情緒勒索，甚至用自傷、自殺舉動讓你不得不順從，實屬一種心理暴力。

然而在所謂「好桃花」與「爛桃花」之間，還有許多灰色地帶。我們不會只遇到「完全天菜」與「恐怖情人」這兩種極端。事實上，在我協助過的愛情諮商、諮詢中，大部分個案的親密關係，以「沒有到很糟糕，但總覺得哪裡卡卡的」為主。本書作者所列舉的十二種「病態情人」，幾乎網羅了我們在愛情中可能遭遇的NG對象。有的與恐怖情人有相似之處、危險程度較高，有的則與雙方的互動模式、個人界線有關，雖不至於危險，但仍會讓關係處於不斷變動、衝突的狀態，逐漸消磨感情與熱情。

你是否曾遇過，對方能給你的時間有限，或是特定日子才能見面的對象？

對方未必是惡意欺騙你感情的渣男，但你對他來說只是有需要才嚐一口的點心，對他來說，正餐另有更重要的人事物。

你是否曾遇過，與伴侶很少互動、交談，很多事情都自己一個人搞定。原本以為這是雙方的默契，兩人可以自在享受屬於自己的私人空間，最後卻驚覺感情愈來愈冷、清淡如水？

你是否曾遇過，對方任何大小決定都要先「請示」媽媽。每次討論雙方的事情時，他總會說「但我媽說」、「我媽認為」，讓你懷疑自己好像是第三者，而原配不是別人，是他的母親？

你是否曾遇過，與伴侶相處融洽、興趣相似、生活互補，根本是天造地設的一對。然而交往了一段不算短的時間後，對方決定提出分手，而理由是他已經受不了「無性」的愛情。但你也覺得委屈，因為在你心中，「性」既神聖、珍貴、不可碰觸，又像是某種罪惡，不能攤在陽光下。你原以為心靈的交流能兩人長久，卻沒想到成為分手的理由。

你是否曾遇過，你竭盡所能為對方付出，既是他工作上的隱藏助手，又是照顧他生活瑣事的小管家。他愈來愈自然要求你提供協助、幫這幫那，讓你也開始懷疑自己到底是女友，還是僕人？然而，雖然你覺得這樣的相處似乎不對勁，你卻還是忍不住答應他的各種請求、滿足對方的許多需求。你的身心都很疲倦，但你更害怕失去伴侶，所以咬著牙繼續扮演好賢妻的角色。

你是否曾遇過，對方是朋友間稱讚的「好好先生」、「新好男人」，總是將你照顧得無微不至，關心你的健康、作息，乃至生活各種細節，對方都會為你量身打造一套「這樣對你比較好」的規則。但不知何時，這些關心與照顧，開始變成限制與干涉，讓你覺得在他面前不得放鬆，壓力愈積愈大，好想跑開？

或者，你是否曾遇過到處與人曖昧，你只是他其中一條線的「海王」、「時間管理大師」？以及是否曾遇過，講起夢想與未來總是眼神充滿魅力，忍不住吸引你靠上去，但實際交往後，卻發現對方像個長不大的男孩？

不論遇到哪種讓你「愈想愈不對」的情人，這本書對他們有著詳細、深入的解析，讓你瞭解為什麼對方會如此。但更重要的，是本書也會幫助你瞭解，「那我為什麼又會喜歡上這樣的對象」，以及該如何重新檢視自己、調整習慣，讓自己在愛情這段旅程中，可以走得更順利。

其中，我非常喜歡一個練習，就是先從「不說話」開始。我們總急著想知道如何與伴侶「溝通」，該「說些什麼」，能讓關係更好。但本書教我們的是「暫停」的好處與妙用。透過「請讓我先想一下」金句，讓雙方有機會跳脫出原本習以為常的惡性互動，製造出重要的突破口。接著，再運用本書介紹的「觀察」與「表達」技巧來劃出界線，達到有效溝通的目標。

此外，本書深入淺出地教大家如何從原生家庭、過去經驗看懂自己的「關係藍圖」，擺脫受害、加害、拯救者三種僵化角色，打破原本的關係模式，給予自己以及愛情更多的可能性。不論你曾遇過、正遭遇不良情人，又或者你有些懷疑自己就是不良情人的一員，這本佳作都能幫你更看清自己在愛情中的樣貌，重新踏上追尋幸福的旅程！

目錄

輯二

自我調理基本功——如何療癒自己，以及用新方式與他人互動

目錄

輯三

關係藍圖——擺脫「受害者／加害者／拯救者」三種角色，往自知、自尊、自愛前進

目錄

【前言】

那些在愛情裡的痛苦

在地板教室裡，大家抱著抱枕，圍成一圈，輪流訴說著自己和情人間令人傷心傷神的小事。沒有說話的人專心聆聽，用眼神無聲地對發言者表達理解和支持。有時領導者或成員們會互相給予一些想法，作為回饋。但更多時候，大家只是開放地接納著彼此。

每一次的團體時間，都會穿插領導者帶領的靜心活動，讓大家在交流故事與想法之後，能夠讓心靜下來休息。歸零之後，帶著新的自己，在關係裡重新開始。

愛情創傷
來自童年創傷

我和王映淳心理師一起帶了幾年這類的愛情團體。她是我研究所同窗加摯友，當時我們都想要在「如何幫助人們走出過去愛情的陰影」這件事上，有更多的探索與貢獻。

人們常受苦於那些愛裡的事，其實從心理治療的角度來看，都與早年經驗及原生家庭有關。如果能對自己的人生有一個縱向的理解，就能從新的角度看待愛情關係裡的自己。

但如果一個人沒有足夠的資源，進入個別心理治療，是不是還有其他的方式能幫助自己呢？

多年後，在心馥學堂主辦人Lisa的促成下，我嘗試開愛情講座，試著傳達「關係藍圖」的觀念。希望藉此幫助參加的成員，開始用縱向的方式，理解自己在關係中的樣貌，對自己當前的愛情困境有更深的領悟，開啟自我療癒的道路。

本書就是愛情團體和講座的延伸，目的是希望在個別心理治療之外，找到別的管道來幫助人們自我療癒。

我在這本書裡結合了愛情故事、案例說明、關係藍圖的概念以及療癒方向，期待每個被吸引而來的讀者，都可以從裡面找到自己想要的協助。

感謝我身邊所有重要他人對我的支持與陪伴。這本書的出現要歸功於映淳和Lisa，謝謝她們在愛情這個議題上和我一起奮鬥過，也感謝我的晤談個案、團體成員、聽眾、讀者及粉專粉絲們，你們的需要與回饋是我在心理專業上努力的方向，也是支持我繼續前進的力量。

願大家都能在自知、自尊、自愛的療癒道路上愈走愈長。

【特別企劃】關係角色自我檢核表

——受害者、拯救者、加害者、局外人，你屬於哪一種？

請挑選某一段關係（如：母女關係、某一段感情關係……），逐一比較下列每個描述與自己在該關係時言行的相似程度，再勾選適合的數字。
加總後的分數愈高，表示愈具備該關係角色的特質。

黃惠萱 心理師

A、受害者角色

1. 你不會生氣，或是善於壓抑自己的憤怒。	0	1	2	3	4	5
2. 你重視其他人的需要，勝過你自己的需要。	0	1	2	3	4	5
3. 你認為自己必須忍受痛苦，才能換取愛。	0	1	2	3	4	5

B、拯救者角色

4. 你希望自己能盡量滿足所有人的需要。	0	1	2	3	4	5
5. 你覺得被愈多人需要的人，愈有價值。	0	1	2	3	4	5
6. 你覺得互助與被依賴，後者讓你更有安全感。	0	1	2	3	4	5

C、加害者角色

7. 與其不被重視，你寧可承受誤解或惡名。	0	1	2	3	4	5
8. 自我保護對你來說，比維持關係和諧更重要。	0	1	2	3	4	5
9. 你覺得除了自己，沒有人會替你著想。	0	1	2	3	4	5

D、局外人角色

10. 你傾聽別人的心事，但不跟別人分享心事。	0	1	2	3	4	5
11. 你不習慣表達，因為你覺得自己的意見不重要。	0	1	2	3	4	5
12. 當關係太緊密或有衝突時，你會沉默並保持距離。	0	1	2	3	4	5

A：________ B：________ C：________ D：________

計分：請加總每一個類型的得分，並參照下一頁的解析。

關係角色自我檢核表的解析

	A、受害者角色
特質	關係發生狀況時，你會先反省自己，從自己身上找缺點，堅持用正向的角度看待對方，把彼此的關係看得比自己的需求重要；為了和諧相處，你願意壓抑憤怒，並忍受痛苦。
如何突破？	在關係中如果過度忍耐，對你的情緒健康有害，同時也讓對方無法認識真正的你。過度理想化的濾鏡，也會讓你看不清對方的真實樣貌。你可以學習同時看到對方的優點與缺點，並嘗試在兩人關係中，讓彼此的需求都被重視。
	B、拯救者角色
特質	你擅長觀察與同理他人，總是能在別人最需要的時候施予幫助，也願意因為對方的痛苦與弱勢而讓步妥協，甚至犧牲部分自我。
如何突破？	很多時候，你把對方看得太脆弱，低估了對方的潛能，或是誤將對方的人生課題當作自己的責任，這都會減少對方的自我空間或成長機會。你花在他人和自己的時間明顯失衡。學著多愛自己一點，為他人少做一點。讓兩人在關係裡，保有更多信任與空間。
	C、加害者角色
特質	你把自我保護看得比什麼都重要，勝過關係和諧或在他人心中的形象。你在關係中，時常保持警惕與戒心，習慣觀察他人的黑暗面，總是做好最壞的打算。比起依靠別人，你更相信自己，所以很獨立。
如何突破？	諸多經驗讓你覺得世界對你抱持敵意，而且對他人缺乏信心，所以你被誤解或承擔惡名時，缺乏溝通意願，甚至連你都認同了別人眼中的自己，因而迷失本心。你可以不接受別人對你的想像。在兩人關係中，學著溝通和澄清。給對方機會了解真正的你，會讓你活得更像你自己。
	D、局外人角色
特質	你很重視兩人互動時的界線，不會把自己的情緒壓力加在別人身上。你願意傾聽對方，但不會出手去過分干涉對方。你習慣以旁觀者的方式與人相處，不喜歡被過分重視或變成關係的焦點。
如何突破？	你擔心在關係中過分被重視，會被迫失去自我，所以總是保持比恰當再遠一點的距離。你很習慣被人忽視，雖然渴望被愛、被關心，但缺乏為自己發聲或爭取的勇氣。你可以在兩人關係中，允許自己更好奇、更親近，遇到矛盾，甚至衝突時，試著用「彼此尊重」取代「保持距離」。最合適的關係，總在磨合中誕生。

輯一

12種病態情人

——這是她們的故事，也是你的故事

憤怒情人：常化身為失控、狂怒的綠巨人

他常常會化身為失控、狂怒的綠巨人，而她希望成為他身邊唯一能使他清醒的人。

經過許多年，她不但沒有成為收服他的馴獸師，反而成了巨人膝下卑微的祭品。看清這點後，她明白唯有自己不再獻祭，才能破除憤怒的詛咒。

「一個多月了吧！那次他應酬完、喝醉酒，到門口猛按電鈴，見我不開門就大吵大鬧，一直到鄰居出來看狀況，他才離開。現在我每天出門和回家都提心吊膽。」

她神情憔悴，眼下有陰影。可以想像她擔心到睡不著，內心承受巨大壓力，度日如

年的生活。

此刻比起安慰，她更需要支持，因為她正在為自己做正確的事。我能做的就是幫助她在改變的路上，相信自己，然後堅持下去。

孟喬當初是戴墨鏡踏進晤談室，只敢低著頭，小聲地跟我說話。她告訴我，她焦慮到睡不著，每天都要吃很多鎮定劑和安眠藥。醫師建議她找心理師談談，所以她出現在這裡。

我請她讓我看身上所有的傷痕，然後告訴我發生在她身上的故事。

從英雄到野獸

每一個愛情故事都有一個美好、魔幻的開頭。在孟喬考上外地的大學，以為自己終於可以離開嚴苛的家庭，但沒想到，孤身在異地讓她既孤單又無助。

此時，她認識了第一個男朋友。這個初戀情人照顧她的生活，教她所有她不會的事情，比理想中的父母還要完美。

但當她開始建立起自己的自信，愈來愈能夠獨立時，男友開始挑剔起她的言行舉止，常常藉故對她發脾氣。兩人不在一起時就疑神疑鬼。

最終，**她的愛情變得和她的家庭一樣，企圖透過憤怒、威脅、暴力來控制她**。

她花了好幾年，才從初戀情人那裡逃開。但光靠她自己是做不到的。她認識了另一個看起來更好的男人。

他為孟喬打抱不平，他願意聽孟喬傾訴，靠著這個拯救者般男人的支持，才讓她覺得有力量離開初戀情人。但沒想到，後來拯救她的英雄居然又變成傷害她的野獸。

她不明白這是怎麼回事。她只覺得自己命很苦，而且不該再相信愛情。

野獸情人的吸引力

很少人會受「憤怒」或「暴力」吸引，但很多人會覺得「有力量」、「有主見」、「有男子氣概」等特質很有魅力，這也是為什麼你會愛上英雄，卻沒注意到當這些特質再多一點就變成野獸。

「生氣」作為一個正常情緒時，其功能是為了讓人對「權益被侵犯」有所警覺。而

容易因生氣而失控，或總是在生氣的人，他們多半在「權益界線」上有待處理的議題。例如：有過受虐經驗的人，當個人界線被侵犯時，會特別強力去捍衛。在他們憤怒、失控的背後有著再度受虐的恐懼。此外，缺乏自信的人常易怒，他們需要用憤怒來鞏固或掩飾脆弱的自尊；同時，因為害怕示弱遭致被侵犯，所以他們無法接受自己憂鬱或哀傷，最後全用憤怒來表達。他們多半給人一種除了憤怒，沒有其他情緒的印象。

容易愛上憤怒情人的人，通常是需要「自我捍衛」卻生氣不起來的人，就像本篇的女主角。逃離家庭後的無助，讓她容易被有力量照顧自己的男人吸引。

當你脆弱無力、不知道自己要什麼、沒有保護自己的勇氣時，那麼，有力量、有主見、有男子氣概的野獸情人，就會讓你心動不已。

她「絕對不要變成像母親一樣的女人。」

「你說他只敢這樣對你。你有想過為什麼嗎？」我問孟喬。

孟喬回應我：「是我造成的嗎？」

後來好幾次的晤談，我們才慢慢解開這個疑惑。

傷害別人的加害者仍然應該負起傷人的責任，但是「待在原地不跑」是個人的選擇。對於某些落入悲劇循環裡的人來說，他們總認為自己眼前沒有其他選擇。

大家都說孟喬個性好、人隨和，好像沒看過她發脾氣，連她自己都不覺得自己生過誰的氣。不過，很多時候，她會莫名其妙地沮喪。輕則不想講話、不理人，重則悶在棉被裡大哭。

她一開始只覺得自己太敏感，後來推給自己的憂鬱症。她從沒想過也許自己是因為被欺負，所以很生氣。

孟喬生長在一個只有男人才能生氣的家庭。女人大聲說話是發瘋，不是生氣。她父親都說母親是個瘋女人。

小時候，孟喬也覺得媽媽有時候很恐怖，會無緣無故大吼大叫、摔東西。

孟喬告訴自己：「絕對不要變成像母親一樣的女人。」這意味著「不可以不滿、不可以大聲說話、不可以失控」，否則就不是爸爸的乖孩子。長大以後，沒辦法成為與媽媽不一樣的好女人。

現在，孟喬可以算是個不瘋的好女人了，但，為什麼身邊盡是瘋狂的野獸呢？

讓憤怒覺醒

在真正有力量，靠自己離開綠巨人之前，孟喬需要經歷一些不愉快的改變，例如「憤怒覺醒」的經驗。

於是那陣子，孟喬總是怒氣沖沖，看誰都不順眼。她很害怕自己心裡這種憤怒的感覺。

晤談時，孟喬不斷焦慮地問我：「怎麼樣才能讓心裡平靜？我不想要這麼暴躁！」

我放慢速度，反問她：「你哪些時刻心裡不舒服？跟誰在一起的時候變得很暴躁？」

沒想到，問下去就會發現那些氣真的該生呀！

愛情創傷
來自童年創傷

我們一起抓著一個線頭，循著情緒的線索，**找到屬於她內心世界的「壓抑風景」**。

孟喬氣主管分配工作不公平，吃定她不會抱怨，也不善推卸，把那些當炮灰或不討好的任務分給她。

最近這一次，孟喬扭轉局勢，做出不錯的成績。主管表面上肯定她，轉個身，卻在高層開會時，把功勞一鍋端走，沒打算給她應得的酬賞。

不只主管會欺負她，同事也一樣。兩人共同合作一個項目，明明是一起做的決定，對方卻在出了差錯時，一股腦地對她發脾氣。

孟喬到底招誰惹誰？為什麼這些破事都找上她呢？

有一天，她為自己找到了答案。「我覺得莫名悶，在茶水間發呆，看著洗杯子的水流進排水孔。我就是那個排水孔，是最低的地方，所有壞事和壞情緒都往我這裡流！」

我本想安慰孟喬，但**心知此時不能打斷她珍貴的自我覺察**。

孟喬繼續說：「每個人都為自己發聲，都想往上爬。只有我，不替自己講話，吃虧也悶不吭聲。是我沒有提升自己的高度，讓自己在一個壞位置，成了垃圾桶。」

步出母親的後塵

頓悟之後，覺察會像打開的水龍頭一樣源源不絕。某一天，孟喬記憶裡的死角突然亮了起來。「認真回想，真正總是在發脾氣的不是媽媽，是爸爸。」

小時候爸媽吵架，讓孟喬害怕，所以她自動忘記內容與細節。現在拼湊起來，他們吵得很兇的那幾年，是因為爸爸被公司無預警裁員。好一段時間，爸爸找不到適合的工作，但又不想屈就低階的工作，媽媽因為經濟壓力，想出去工作。爸爸拉不下臉，不甘心被看成沒用的男人，所以整天挑媽媽毛病，借題發揮。

想到這裡，孟喬突然在心裡與母親親近起來。

她們母女兩個人的處境一樣，都被男人當成壞情緒的垃圾桶。但孟喬的媽媽不是瘋女人，只是有一個不願意面對自己問題的丈夫，就像她的綠巨人男友，一遇到挫折就拿她開刀。

愛情創傷
來自童年創傷

重掌「內在情緒寶劍」

孟喬氣男友總是把她批評得一文不值，特別是在她看男友失意、不開心，然後努力安慰他的時候，男友反而會因此把怒氣轉嫁到她身上。

多年來，孟喬一直覺得是自己的表達能力有問題，才會每次都弄巧成拙，但是現在她知道「不是因為她講錯了，而是因為她講對了」。所以，**她不再為自己做對的事情感到抱歉。她決心不當男友發洩挫折的犧牲品。**

當綠巨人發現女友開始頭腦清晰、伶牙俐齒起來，會反駁他的話，自己不能再隨便把生活的不順怪罪給她了，他就以兩人個性不合的理由，很快在身邊找到其他溫柔鄉。

而對重掌「內在情緒寶劍」後的孟喬來說，被神化的綠巨人早就降到人間，變回一枚渣男友，所以對方劈腿沒有太傷她的心，還慶幸分手太順利。

只是最近渣男回頭糾纏，讓她很驚慌。但我們都相信再撐一下，當她堅持不接受虐待，那麼，喜歡虐待人的自然就會離開。

心理師的剖析

孟喬總是被能照顧自己，或是能把自己從糟糕的狀態解救出來的人所吸引。

在親密關係中，她把自己當成「受害者」，習慣帶著理想化的眼鏡看伴侶，把對方當成「拯救者」。她忽略對方的缺點，甚至為對方的暴力找理由。最終，親密關係失衡，對方顯露出「加害者」的樣貌。

因為孟喬一直用「受害者」角度看自己，以為只有再找一個英雄當「拯救者」，才能離開惡質的戀情，殊不知若她不能捍衛自己的權益，不能學會以自己為重，那麼，她生命中所有的拯救終究會失敗。

心理師給親愛的女孩

一、替自己說話：

請勇敢替自己說話，誤會不澄清，吃虧不反映，讓自己成為人際中的「低處」，自然有許多壞事、壞情緒往自己身上來。

二、堅持不接受虐待：

一個巴掌拍不響，當你堅持不接受虐待，那麼，喜歡虐待人者就不會被你吸引。能與你建立健康關係的人，才能親近。

控制情人：讓人感到窒息、想逃的愛

明宏是那種不避諱幫女友拿包包的男人，若蘭因此很慶幸自己能找到一個奉行男女平等，甚至願意在兩人關係中多付出一點的男友。

但婚後，她才發現，自己有點受不了這個愛照顧人的老公。因為只有在兩人吵架或夜深人靜的時候，若蘭才能保有自己的空間。

這是愛嗎？如果是愛，為什麼愛會讓人想逃呢？

「早餐已經放桌上了，記得吃。我出門了。」

若蘭聽著明宏關門的聲音，頓時感到鬆了口氣。她繼續在床上小睡了一下，才起來梳洗。

吃著丈夫留下的早餐，若蘭微微恍神。想起剛結婚的時候，他們夫妻倆每天都要一起吃早餐，再一起搭車上班，好像做什麼都要黏在一起。現在這樣各自上班的生活節奏，是磨合半年後的結果。

明宏常埋怨若蘭的「晚睡晚起」，認為這樣對健康不好。若蘭總是在心裡嘀咕，其實她原本不是賴床慣犯，偶爾加班太累，也只是小小拖延一下。結婚以後，她才「逼不得已」常常賴床。

試想兩人擠在小小的一室一廳，只有把彼此的作息錯開，才能擁有各自的獨立空間，所以她的睡眠習慣自然而然就變了。

把照顧當成愛

在遇到明宏之前，若蘭就打定主意，要自己一個人過此生。若蘭對戀愛不感興趣，更不憧憬婚姻生活。如果要像她的父母一樣，彼此厭惡，卻被婚姻綑綁，然後再把痛苦轉嫁給小孩，那還不如一個人過。

明宏是個溫柔、體貼的男人。作為家裡唯一的男孩子，明宏從小就承擔許多的責任與期待，但同時，他也從家庭裡學到愛一個人就是要好好照顧對方，所以他習慣把自己喜歡的人照顧得無微不至。沒想到，有幾次這樣的熱情反而嚇到對方，導致明宏的情路坎坷。

若蘭和明宏兩人的狀況，在遇到彼此之後就改變了。若蘭覺得自己遇到一個超乎想像的理想情人，除了各方面的條件優越之外，對於自己，更是捧在手心上疼愛。若蘭想，如果和這個人在一起，也許結局會與爸媽不一樣。

明宏則頭一次發現自己的關懷，甚至黏人，沒有嚇到對方。和若蘭在一起時，他所有的付出都會被珍惜。他可以既是男友，偶爾是老師。更多時候，則像個爸爸。

過度照顧是一種控制、干涉

當我們對自己沒有信心，同時也對兩人的關係沒有安全感，就會發展出一些人際策略，企圖控制對方。

有時候是自主的，但**更多時候，我們只是照著原生家庭的人際模式，不自覺地用習慣**

的方法來獲得愛與安全感。

明宏對愛人無微不至的照顧，也可以看成一種變相的弱化與控制。就像母親從小對待明宏的方式。過度的照顧讓明宏變得習慣依賴，也剝奪了明宏自由發展的經驗與信心。**長大後，明宏也習慣在愛情裡，弱化情人的自我**。體貼、照顧的行為，除了可以塑造出好情人的形象，也可以順理成章地介入對方的私人領域，干涉對方的自主決定。

過度照顧為什麼是一種控制或干涉呢？舉例來說，若蘭單身時，自己決定上班時間。她可以在加班後，隔天多睡一會兒，也可以選擇準時上班。但結婚後，因為明宏提早為她做早餐，想陪她一起上班，所以她在幾點起床去上班這件事，開始受到明宏的影響。

又例如，明宏的母親每天為家人做晚餐。只要做了晚餐，明宏就得回家吃飯。如果沒有提前說，回家後，母親還是會希望明宏把自己的那份晚餐吃完。如果提前說不回家吃晚餐，母親就會問：「為什麼不回家吃晚餐？」因為晚餐，所以要報備，而報備裡就摻雜許多的要求與期待。像是外面吃不健康，為什麼要這麼晚回家？朋友有比家人重要嗎？……諸如此類。

與其說是兒子需要這些照顧，倒不如說是母親需要透過照顧來參與兒子的生活。

在愛情裡，上演「追與逃」戲碼

明宏的母親是出於母子關係中的焦慮，以過度照顧來控制兒子。**明宏也學會用照顧妻子的方式，換取關係中的安全感，降低自己被拋棄或否定的焦慮；**而若蘭從原生家庭中學會相反的方法來因應關係焦慮。

若蘭不是雙親最疼愛的孩子。母親對若蘭抱著很高的期待，總是用嚴苛標準來要求和叨念她。如果若蘭發表自己的看法或伸張自己的權益，就會激起更多的責備與更強烈的壓制，所以**若蘭學會用不回應和逃避來面對母親的精神攻擊。結婚後，若蘭發現自己也把這招用在丈夫身上。**

從依附關係的角度來看，明宏和若蘭是兩種不同的不安全依附。明宏是焦慮依附，當他不安時，會在關係中做更多的付出，企圖改變或更接近對方，而若蘭是逃避依附。當她負面情緒高漲時，會希望隔離讓自己不舒服的來源。在關係中，展現出來的行為就是逃避。

當婚姻中出現挫折時，明宏和若蘭都用自己習慣的方式因應，就上演了「追與逃」的戲碼。

兩個人因為對事情見解不同吵架；因為對雙方家庭的應對方式不同而吵架；因為家務分工而吵架；因為彼此表達愛的方式不同而吵架。

吵架次數多了，關係焦慮就升高。**明宏想藉由更多的付出來鞏固關係，但若蘭想要多一點的個人空間，修復心情。**

兩個人用相反的方式因應關係焦慮。如果彼此沒有更多的溝通，就會導致誤解加深。

別用「放棄自我」因應親密關係裡的挫折

過度照顧能變成對一個人的控制或干涉，是因為被照顧者「放棄自我」。願意放棄自我的原因很多。

以若蘭為例，她心裡常出現的理由是「如果我不接受明宏的好意，會傷他的心」、

「我如果提出自己的意見，就會撕破臉」。

而明宏面對媽媽的照顧，他可能會想「媽媽為我做這麼多，我怎麼可以辜負她」、

「做子女的，本來就應該讓父母放心」。

如果養成以「放棄自我」的方式來因應關係挫折，就不會在溝通上多花心力。長期缺乏溝通的經驗和技巧，讓兩人的關係卡在表層，無法加深對彼此的理解和羈絆，導致親密困難。

以若蘭和明宏這對為例，若蘭在婚後被迫賴床，以逃避和明宏一起上班。若蘭沒有嘗試和明宏溝通其他可能性，例如：「你每天幫我做早餐太辛苦了，要不要一週選你比較輕鬆的兩天做早餐就好？其他時間，我自己去吃。這樣，我也可以吃一些不一樣的食物。」當若蘭這樣說，明宏第一時間也許會更不安，覺得太太不願意與自己親近。

如果明宏也放棄溝通，那他可能答應只做兩天早餐，隨後更頻繁地約太太一起下班吃晚餐。

結果是換湯不換藥，一方的付出，還是成為另一方的折磨。

溝通不能停在卡住的地方

在療癒的過程中，很多人努力克服恐懼，嘗試溝通，卻覺得沒有用，因而更加失望。其實，仔細反思下，**挫折都來自太早放棄，沒有繼續溝通所導致的誤會**。

溝通不能停在卡住的地方。若明宏願意在關係中表達自我，在聽到若蘭的要求時，可以直接說出自己的疑惑和擔心：「你是不是覺得跟我一起吃早餐很有壓力？你還在氣我們昨天吵架的事嗎？」那麼，兩人就有機會澄清彼此的感覺。

如果若蘭因為明宏不答應只做兩天早餐，或是表面上答應，卻加約了晚餐，而感到挫折、沮喪，接著就放棄繼續溝通，採取自己之前對父母的互動方式，乾脆表面上順從父母和丈夫，認為這樣麻煩比較少。

那麼，他們就失去彼此了解的機會，繼續複製各自原生家庭的模式。

停止威脅自己內在的語言

如實表達自己的想法是說起來簡單，執行卻不容易的事。第一個浮上心頭的，就是那些當初讓人寧可放棄自我的理由。「真的要實話實說嗎？對方承受得了嗎？會不會很生氣？其實，他都是為我好，我還抱怨他，以後是不是就不會對我好了？」**這些威脅自己的內在語言講久了，都忘記自己真實的想法是什麼了**。

如果兩個人能彼此相愛，同時做自己。在相互抵觸之處，彼此退讓一些，就是長治久安之道。

當若蘭對明宏坦承自己需要更多的個人空間，讓明宏了解，這並非是對感情的冷淡或拋棄的前兆，明宏也許能漸漸把「給予自由」當成是對若蘭的愛護。

若明宏可以正視自己在關係中的不安，多與若蘭溝通，就不需要那麼多「假照顧之名的控制」，而是自在地順著兩人的狀態，相互給予與滿足。

就好像兩個圓彼此相交，但各自仍擁有自己的部分圓，一起營造兩圓共同交集處。包容得愈多，就可以有更多交集。不能勉強的部分，就退回各自的圓裡。隨著時間與兩人的成長狀態，維持動態平衡。

愛情創傷
來自童年創傷

心理師的剖析

若蘭和明宏的親密關係是從「受害者」和「拯救者」開始，最後因為雙方各自的心理議題而發生變化。

當明宏對兩人間的差異感到焦慮不安時，他照顧伴侶的方式開始帶著更多控制對方的意圖。若蘭感受到壓力，但卻不正面溝通，採取消極、逃避，讓自己成了「受害者」，明宏變成「加害者」。

若蘭的母親總是嚴苛地要求她，用激烈的手段來壓制若蘭的反抗，讓她養成消極、逃避的習慣。在母女關係裡，母親是「加害者」，若蘭是「受害者」。

明宏的母親需要透過照顧來介入，甚至控制兒子的生活。**長大後的明宏在親密關係中複製母子關係，學母親做個「拯救者」**。藉由讓伴侶依賴自己來得到控制感，消滅自己對關係的焦慮。

母親的「拯救者」角色在明宏邁向獨立的時候，就會變成「加害者」。而明宏原本吸引若蘭的「拯救者」角色，也在進入婚姻後，因為過分涉入對方個人空間，並壓抑對方自我成長時，變成關係裡的「加害者」。

心理師給親愛的女孩

一、釐清自己對照顧與控制的觀念：

你很會照顧人嗎？或你有個很照顧你的伴侶？在你們兩人之間，照顧有多少控制的成分呢？花點時間，回想原生家庭的經驗，探索自己給予與接受愛的習性。

二、溝通不要停在卡住的地方：

你覺得溝通無效，很可能是因為你遇到卡關就放棄溝通。卡住的時候，就要換個方法繼續溝通。

最好的溝通方法就是如實表達。也許坦誠以對會讓對方或自己不好受，反思心裡被勾起的不舒服，但這可以幫助我們更了解情人，也接近自己。

媽寶情人：她總是照顧他，他何時才會長大？

她愛上他像柴犬般的嬌憨與忠誠。戀愛時，她一直是擔待比較多的一方。每當氣悶或心累時，他像鄰家男孩般的微笑，總是讓她心軟。她想若是為了這樣的笑容，自己委屈些沒關係。

曾幾何時，為了照顧他，她沒有時間妝扮自己，沒有餘力做自己的夢。她知道自己變得滄桑又現實，但她的鄰家男孩還是沒有長大，沒有寬闊的肩膀可以靠。

「哇！你男朋友好帥喔！」「他自己創業呀？你為什麼不去他公司幫他？」

思澄剛換新工作，同事們看了她男友的照片，理所當然地說了一些她聽過很多次的話。

表面上，她的男人是英俊有為的青年，而她是年紀輕輕就傍上大款的老闆娘。沒人知道有為青年心裡是幼稚的男孩，而她骨子裡是滄桑疲憊的老媽媽。

思澄喜歡有夢想的人。男人談理想時，熱切的語氣和閃亮的眼神，對她有致命吸引力，更何況他還很帥。笑起來，會讓所有女人願意為他出生入死，所以她還在念書時就開始在他的工作室幫忙。

他是忙起來，不會照顧自己的男人。久而久之，思澄除了幫工作上的忙，也開始照顧他的身心需求，自然而然成了他的女朋友。

思澄本來也預期自己之後的人生，就像同事說的那樣，去有為男友的公司裡當老闆娘，兩人過著形影不離的生活。如果不是爸爸過世，她因為太傷心而開始接受心理治療，意外踏上療癒之路，她也許永遠沒有機會做不一樣的決定。

「我為什麼想要照顧別人？」「什麼是我認為的幸福？」這些問題，思澄還沒有答案，所以她想要和男友有些距離，讓自己更獨立一些，也多愛自己一點、傾聽自己多一點。

思澄想更真實地過生活，談一場真正的戀愛。

把自己渴望的特質，透過戀愛完成

「擁有什麼特質的人最吸引你？」你對這個問題的回答是什麼呢？不管你的答案是什麼，反思一下那些吸引你的特質，是你自己也擁有的？還是你缺乏，所以渴望擁有的呢？很多人的答案是後者。

陽光稚氣的大男孩，總是會吸引那些務實且不敢相信自己可愛的女人。除了大男孩本身天真、陽光的特質，本來就很招人喜歡之外。被這麼可愛的人愛著，彷彿自己也能變得可愛。**這樣的雙重吸引力，確實很難抗拒**。把自己渴望卻不敢擁有的特質，透過戀愛、透過另一半來完成。

殊不知正因為對方有某種強烈的特質或傾向，所以和他相處的人，會自然去填滿他的不足，反而更無法展現自己想要的特質。

例如一個人隨興很不錯，但兩個人都隨興的話，就很危險；一個人天真很可愛，兩個人都天真的話，日子可能過不下去。

如果你的情人隨興又天真，長久下來，你非但不會變得和他一樣，反而會變成嚴謹又務實的人。思澄就是這樣的例子。

你以為自己有了理想情人，但卻讓你變成不喜歡的自己。

浪漫，卻不腳踏實地的「王子」

很多人覺得自己可以很容易區分出「媽寶」，不敢相信有人會眼瞎到喜歡上把媽媽看得比情人重要的人。

可實際上那些真的很依賴母親的男人，很可能對談戀愛還沒有興趣，他們更喜歡做一些小男孩喜歡的事情。真正會讓人陷入愛河又傷透心的「小王子們」，他們看起來很獨立，也很有自己的想法，只是他們的雙腳一直沒有落地，生活在想像中的他方。

永恆少年型的人不甘心屈就於現實，總是和成人世界作對。就像前面提到那個年輕有為的鄰家男孩。表面上是創業的老闆，看起來像成熟的大人。唯有相處之後，才會發現他「漂浮在天上」的一面，例如常堅持不切實際的想像，執著地不願意退讓或妥協，一心想證明自己。只看光明面，把陰暗面與瑣碎的挫折，都交給身邊的人去打理和吸收。**他們的伴侶往往是最先中招的一個**。

小王子們可能是很好的情人，願意花時間陪你聊天，能在你哭泣時擁抱你，惹你生氣之後，買昂貴而夢幻的禮物給你。

可是他們在某些該腳踏實地的面向，卻顯得很幼稚。例如為了抽象的理念，和他人激烈爭執，習慣性抱怨別人，然後推卸責任，一言不合就絕交，難以學習妥協或圓融，對自己不可控制的交通或新聞生氣。

你必須忽視或美化這些生活瑣事，否則就會開始永無止境地想為他解決問題，或是替他擔心，承擔那些你難以理解的壓力。

正是因為他飛在天上，你只好蹣跚獨行。

愛情創傷
來自童年創傷

當你希望王子為自己負責，王子開始抱怨你……

在晤談室裡，我很少有機會見到正被小王子捧在手心的女人。尚未發現王子黑暗面的女人，很難反思自己身上容易上鉤的特質。我有機會一起工作的女性，是那些敢面對幻想破滅的人。

她們發現自己從王子心中「好女人」的位置，掉到「壞女人」的位置。她們想為自己弄清楚發生了什麼事情。

在一段穩定關係中的位置的轉換通常代表外遇。被王子們不忠對待的女性，往往在稍早之前，剛看清楚真相，然後她們開始改變對王子情人的態度。

當你不再傾聽他們對別人的抱怨，反而希望王子們負起對自己情緒與行為的責任。在兩人關係裡，你看穿同時不再容忍王子們把陰影投到別人身上。**你變成逼他檢視自我的鏡子時，你就從他內心裡的后位被拉下來了**。你變成逆耳忠臣，不再享有愛人殊榮。

他把浪漫與熱情給另外一個人，繼續抱怨其他人。只是這次抱怨的對象，也包括你。

那些丈夫出軌的妻子們，最不甘心的一點是「他說我不再可愛，但那是因為我變成他的妻子，所以才無法再可愛」。

她們想念著被王子情人捧在手心的日子，嫉妒坐上「后位」的另一個女人。繞在「她哪一點比我好？」這個問題走不出來。

在自我療癒一段時間後，她們才會發現重點從來都不是「坐在后位的女人」，而是王子心裡容納不下「會照出自我的忠臣」。

我要聽話，才能繼續被愛？

「我應該裝聾作啞，而不是把我看到的、我擔心的，都講出來，所以他才會離開我。」「我是不是太實際了，不夠浪漫？男人都需要女人崇拜。我應該要像以前一樣對他。」「男人不需要聰明的女人，只需要溫柔的女人。是我不夠溫柔。」

你是不是很熟悉上述這一類的話語呢？親密關係遇到挫折時，我們總想找到解答，所以吸收了很多似是而非的愛情專業論點來療傷。

適當的浪漫、包容、體貼或示弱，對親密關係確實重要，不過這些受傷後的心得，似乎都在說服自己「不要看見真實的他，要當聽話的女人，才能繼續被愛。」試想，不能真實溝通的兩個人，怎麼可能建立真實而穩固的親密關係呢？

「哪些人會跟王子談戀愛，一輩子過著有壓力的生活？」「哪些人會對王子念念不忘，走不出情傷？」答案是那些不相信有第三條路的人，她們害怕自己再也無法擁有夢幻與浪漫。就算察覺到危險或不合適，也不敢面對，寧願當一個閉眼的皇后。

另外一些人走向過分實際的道路，在親密關係裡矯枉過正，把真心冰封起來，情意盡失，冷靜到冷漠的程度。

不管關係是否繼續維持，這樣自我隔離的生活方式，已經是付出最大的代價。

幫情人戒除王子病

第三種可能是「雲端相戀，逐步踏實」。年幼的時候，我們都曾經是自己幻想裡的公主和王子、英雄或仙女。戀愛的成長之路可以從浪漫、夢幻開始，但要拉著你的情人，逐漸腳踏實地建構真實生活。

真實的生活就是有挫折，就是要背上屬於自己的責任。不停留在空談，開始「做」。

如果你要幫你的情人戒除王子或公主病，最好的方法就是檢驗看看他是否能「面對自己的角色、責任，腳踏實地生活」。**如果你要幫自己戒除王子情人，那就問自己為什麼眷戀「后位」**。

愛情創傷
來自童年創傷

從情人手心裡走下來，面對自己的焦慮和弱點，找到自己擅長做的事情，把自己的內在能量引導出來，學習自我肯定。

練習和情人共舞，但不要共生。

心理師的剖析

思澄認為自己是有所缺乏的「受害者」。**她將自己喜歡的特質，以及想要被照顧的渴望，投射到伴侶身上**，所以很容易就被表面上樂觀、耀眼，骨子裡習慣接受愛的小王子所吸引。

思澄想把高掛天空的王子情人當成「拯救者」。但長久相處下來，她卻一直在照顧他，成了情人的「拯救者」。

心理師給親愛的女孩

一、因為不覺得自己可愛，所以愛上樂觀正向、討人喜歡的情人。企圖透過交往，得到自己想要的特質，但最後常為了平衡兩人生活，養成更多互補的特質，甚至激發出不安、嫉妒與競爭。

二、愛情可以有夢幻的開頭，可以浪漫常駐，但要伴隨著腳踏實地的付出努力與面對挫折，而不是藉由戀愛的共生狀態，把自己不想要的丟給別人。

競爭情人：競爭是為了證明自己值得被愛

吵架的時候，他一直都把「要不是我，你會有今天嗎？」掛在嘴邊，彷彿他們現在令人稱羨的婚姻、優渥的經濟條件和輕鬆愜意的生活，都是他的功勞，而她只是米蟲。

其實在前公司，她可是舉足輕重的人物。辭職跟他一起創業打拚後，一山不容二虎，她選擇為愛變成附屬，但卻沒換來丈夫的疼惜。

她每天都在想自己是不是輸了面子，也輸了愛？

心悅和先生一起經營事務所。心悅覺得自己上年紀以後，抗壓力變差，常常胡思亂想，睡不好。去年因為突然昏倒，住院檢查，嚇得她開始正視自己的身心問題。

起初，晤談時，心悅只覺得自己的工作壓力太大。談著談著，才意識到自己在每一個關係中都太努力，她太在乎自己在別人心目中的形象，逼得自己喘不過氣。心悅嘆口氣：「但就算做到這樣，我老公還是不滿意呀！」

「對犯錯的員工，他都能和顏悅色；可我就算沒做錯什麼事，他對我總是挑三揀四，態度惡劣，搞得好像我這個老闆娘毫無能力。想到要去公司，我的心情就很差！」

心悅這才意識到丈夫對自己的態度和評價，才是她感到壓力的主因。

最會潑對方冷水的枕邊人

心悅和先生大概可以滔滔不絕地說出對方十個以上的缺點，卻很難舉出彼此一個優點。

仔細分析他們平日的對話，簡單來說，全都在數落對方。從一大早起床，起得早的就怪還在睡的「不愛護自己的健康」。如果誰幫誰買了早餐，或做了早餐，另一個人就會抱怨：「老吃一樣的，都吃膩了。」再不然，就是抱怨對方「你都不知道我喜歡吃什麼」。

他們夫妻倆是最會潑對方冷水的夥伴。每次都能成功地讓對方愈來愈不願意為自己付出，讓兩人愈離愈遠。

先生總是能從心悅精心安排的任何事情裡挑出骨頭，或是指出更好的做法，卻難以吐出一句打氣或肯定的話語，甚至如果心悅得到別人的稱讚，先生還要再背後補個幾句評價。

先生總是要事後批評的做法，彷彿把自己當成高高在上的指導教授，讓心悅從令人驕傲的老婆，頓時成了仰賴老師指導的無知學生。

講起來，其實心悅也不是省油的燈。心悅過去是大公司裡風光的管理階層，辭職幫先生創業時，提供了很大的幫助。

只是，心悅和先生是不同型的領導者。先生果決、執行力強，而她心細思慮周全，兩人意見相左是常態。因為既是夫妻，又是同事，激烈討論公事時，常把私人關係與工作關係混為一談。

先生對待心悅，無法像對待其他優秀的員工一樣，坦然、公開地討論她的意見，而心悅也無法把先生當成以前合作的老闆或客戶，以尊重的態度和圓融的智慧，處理彼此的溝通問題。

他們變成兩個競爭第一名的小學生，處處較勁。有時候，各自在公司內拉攏員工；有時候，在客戶面前彼此踩腳。

從原生家庭延續的競爭

人們容易看到別人的問題，但卻往往很難找出自己的癥結。

幾次晤談下來，心悅很快就理解，先生對自己的惡劣態度與競爭心有關。聯想起來，從相識、相戀以來，他一直就是個自尊心強，絕不認輸的人。作為老闆或合作者，他是態度強勢且野心勃勃的那種型。只是，沒想到夫妻之間也會有這個問題。

「每到過年、過節時，他就會要求我開始張羅家族聚餐的事情，務必讓每個人滿意，特別是從國外回來團聚的哥哥和妹妹。這種時候，他就會有很多誇張的主意，例如突然想投資新產業、想換新車。有一年，我們還看了很多房子。現在想想，這些表現都是為了要讓自己在父母面前比得上兄弟姊妹。」心悅回想。

就算長大之後功成名就，誰沒有年幼的過去或脆弱的曾經呢？心悅的丈夫現在是老闆級的人物，但在原生家庭卻是不得志的孩子。

心悅的公婆都是公務員，他們覺得孩子最好的出路不是當老師，就是當醫師。大伯出國深造後，定居國外教書。小姑念了醫事相關的專業，後來嫁給醫師，也跟著移民了。只有丈夫自小喜歡數字，念了貿易。求學時代和雙親衝突不斷，一直得不到父母的認同和肯定。

競爭和愛有關。幼年時，**原生家庭的互動氛圍，形塑了一個人成年後的競爭模式**。

心悅的先生自小就致力於在雙親面前求表現，成就需求和競爭心極強。我們會依照自己的特質挑選伴侶。一個競爭心強的人會挑選能和自己共舞或共鳴的人當伴侶，然後在親密關係間上演著看似不同，本質卻相似的劇本。

丈夫是自小不被認同，心悅則是家庭裡的局外人。

如果不付出，就不會被愛……

上小學之前，心悅都住在奶奶家。與父母同住後，心悅總是覺得父母與姊姊比較親，他們才是一家人，自己是多出來的局外人。長大後，**心悅特別努力回饋原生家庭，背後帶著不能付出就不被愛的恐懼**。

其實，心悅自己也帶著與丈夫相似的競爭特質。丈夫請她安排的聚餐，她不只想讓大家滿意，還希望他們能有驚喜。丈夫顧不到的細節，例如大伯的小孩要上大學之類的事情，她還會特別花心思準備禮物。

除了這些好事，辛苦的事情，心悅也包辦，例如公婆所需的醫療照顧，也都是她手上的事情。

在這些額外的努力背後，心悅成為別人嘴上「最好的媳婦、最能幹的弟妹和大嫂」。這是屬於她自己的競爭心。

過度付出的背後，是競爭

我們對「競爭」這個詞的刻板印象是考試爭第一名、職場上爭取升官等這類的，而且常帶著負面色彩，認為競爭與殘忍或欺負弱小相關，所以很難察覺在親密關係或自己身上的競爭特質。

其實，**當我們在關係中有超出能力、超出關係界線地付出時，這些付出的背後都帶著競爭**。

心悅每次回娘家都是大包小包，除了父母、姊姊、姊夫，甚至他們的小孩，每個人都有東西拿。心悅心細如髮，平常就會觀察大家的需要與喜好，買的都是大家真的需要的東西，而且品質絕對不會差。這一點，她和丈夫的作風很像。

他們夫妻在親友之間很體面、很受歡迎，是很孝順父母、很照顧手足和家庭的模範夫妻。

只有不斷付出、持續給予的角色，才能讓心悅在原生家庭裡找到自己的位置，否則她常覺得父母與姊姊是一家人，而自己只是局外人。

儘管姊姊結婚到外地生活，心悅才是那個離父母比較近的孩子，但這種自小根深柢固的感覺，卻很難改變。

出於不同的內在因素，心悅與丈夫兩人常不自覺地在各自家族裡高談闊論，或插手兄弟姊妹和父母間的互動。他們自以為是在幫父母、幫家人，但拿人手短，吃人嘴軟，大家只好對他們的壞習慣，睜隻眼，閉隻眼。在關係好的時候，誰也不會把競爭和比較搬上檯面。

這幾年，家族裡的長輩相繼生病。前年婆婆罹癌過世，去年父親中風，心悅和先生的家族都面臨重大的醫療決策和隨之而來的生活調整，手足之間對父母醫療上的處置也有不同的意見。原本隱藏在關係下的競爭議題，浮上檯面。

姊姊對心悅說：「你有錢就了不起，什麼都你說了算嗎？」一句話扯開了姊妹間的心結，讓心悅傷心許久。

先生家族裡也有類似的事。一時間，夫妻兩人被眾人背叛，落得吃力不討好的境地。

惡性競爭，是為證明自己值得被愛

如果競爭的本質是希望透過努力，讓自己更好，來獲取重要他人的愛，那麼，應該會成為人們讓自己向上提升的動力，是愛的正向力量，而不是在關係中釀成傷害。

我們需要學習區辨關係中的**「惡性競爭」**，是我們為了獲取愛，而越界涉入他人關係的行為。透過這類的心理遊戲，讓重要他人做出自己期待的反應，例如更加依賴自己等，但卻打亂了健康關係的順序，**阻礙了人際圈中每一個角色各自應承擔的責任與成長**。

心悅為了被認同，在各個角色上都過度付出。她不自覺地和手足、同事、朋友，甚至和丈夫競爭，這些，其實都是為了證明自己值得被愛。

在公司和先生一起工作時，因為急切地希望先生肯定自己，因此不由自主地彰顯自己的優點，突顯先生或下屬的缺點，隱隱期待先生對自己應該特別不同。

惡性競爭的習性，讓心悅在「老闆娘／公司協同領導者」這個角色上的行為出現偏移。有時候，她不自覺自比為下屬，和員工競爭。有時候又在員工面前，和自己的先生競爭。好像自己是另一個公司來的老闆，來搶員工的青睞。

心悅在工作上的壓力，不只來自先生對她的競爭心，也來自她自己身上的「惡性競爭」特質。

心悅應該與丈夫／領導者，以及員工一起合作。惡性競爭卻讓她和他們敵對，不但削弱了公司與夫妻間的凝聚力，也讓她徒增和人敵對的壓力。

心理師的剖析

在原生家庭裡，心悅覺得父母與姊姊比較親近，像一家人，而自己是這個家的「局外人」。

心悅心裡一直有被拋棄的恐懼，她需要不斷證明自己的價值，才能短暫獲得安全感。成年進入婚姻之後，心悅在伴侶面前很努力，極度渴望得到伴侶的肯定，因為這樣才能保證這段親密關係。

她期待丈夫可以接納自己，成為自己的「拯救者」，但過分在乎伴侶評價這種心態，讓她在兩性關係中處於權力弱勢，最終反而促使丈夫變成「加害者」。

心理師給親愛的女孩

一、從過度付出中覺察競爭：

習慣過度付出的人，除非生了大病，否則很難靠身體的虛弱或小病痛，覺察到自己為了別人，把自己搞得太忙、太累。

除了生理上的耗損，另一個觀察的角度是從關係著手。舉例來說，以公公中風住院的事件為例，心悅可以在紙上列出自己、先生與先生其他手足和配偶，這幾個人對公公住院，分別做了哪些調整與努力。

心悅可以反思自己的付出是不是超出其他人太多。自己做的事情中，哪些別人也可以做，甚至更適合做？

練習這樣的思考，可以幫助心悅減少過度付出，以及不自覺與他人競爭，甚至介入他人關係的習慣。

二、守住界線，彼此尊重地相愛：

靜下來觀察自己在各個關係中的狀態，思考自己在某個角色上，可以做哪些調整來改善關係，這是很好的平日練習。

舉例來說，心悅覺察到自己與先生為了讓對方肯定自己，互動時，常強調自己為對方的付出，因此不自覺地從小事就開始比較、陷入爭吵。

有此覺察後，心悅希望自己和丈夫的關係可以更放鬆、更正向，所以有意識地提醒自己，主動稱讚丈夫為自己做的事情，而把抱怨和建議放在第二位。

漸漸地，她愈來愈容易覺察丈夫對自己的貼心和照顧，丈夫也愈來愈了解心悅的需要，某些抱怨也就煙消雲散。

綠葉情人：她喜歡，也擅長幫助和「成全」別人

她把男友當成世界上唯一的一朵玫瑰，所有的才華和心血都灌注在兩人的感情上。分手之後，那些知道她付出過什麼的朋友都替她不值。但只有她知道自己真正的失落。

她失去一個可以讓她努力的對象，成了失去紅花的綠葉。

快到下班時間，小蓉腦海裡想著晚上的待辦清單。她手上打字的速度愈發快了，必須準時下班，才能在跟他晚餐前，完成所有事情。去拿他乾洗的西裝外套、幫他去車站取貨、拿他不合身的鞋子去換，順便去超市，採買他後天出差要用的東西。

「希望能趕在他下班前做完，然後好好一起吃頓飯。」小蓉想。

小蓉一直都是這樣繞著男友轉。滿足男友的需要，就是她的生活重心。小蓉還在想男友出差十幾天，她該做些什麼好，要不要幫他大掃除呢？

有男友的時候，男友就是小蓉的全世界。一直到男友跟她提分手之後，她才睜開眼，看到外面的世界。

小蓉看到年齡相近的朋友們，在事業或家庭上都往自己想要的方向努力，到現在，每個人都小有所成。

而她一直以來只為了情人努力，從來不是為自己，但最後都剩下些什麼呢？

為「成全」別人而吃虧？

過去的三十幾年，小蓉一直認為自己喜歡，也擅長幫助和成全別人。她把這個當成自己的個性和優點，**沒想過這樣的特質，會變成感情的致命傷，更不曾想過，這可能是童年創傷的結果。**

大家都覺得小蓉常為了成全別人而吃虧，甚至她自己也很難否認，但那又如何呢？吃虧就是占便宜，不是嗎？幫好友寫作業，所以自己學得更扎實；幫同事代班，所以熟悉各項業務，贏得長官好感和升職機會。

為了幫別人達成心願，從小到大，小蓉鍛鍊了很多能力，也比別人多了很多機會。就像現在，她就是董事長身邊得力的特助。

「如果愛情也可以這樣就好了。」小蓉想。如果有一個男人需要她的才華，體恤她的用心。這樣，她就能找到歸宿了吧？

只可惜「成全」適合在上對下的關係中使用，卻不利於發展平等互惠的關係。例如友情或愛情，因為**太輕易的成全，容易吸引和養成周遭人「利用」你的習慣**。

在職場上的利用，如果遇到佛心上司，可能還會有升官、加薪，作為回饋，但在沒有具體契約保障的人際關係裡，很難不碰到幾個善於利用他人的「吸血鬼」。一旦碰到吃人不吐骨頭的情人，就很難在感情裡全身而退。

習慣「隱形」與「付出」的童年

究竟是什麼原因，會讓這些綠葉情人們把「完成重要他人的目標」，當作自己的價值呢？不外乎是一個鼓勵隱忍和犧牲的原生家庭。

很多看似健全、美滿的家庭，都隱藏著這一類的家規。例如把父母的面子放第一的暗示，「我應該要讓我的父親抬得起頭」、「我不能讓家裡人丟臉」，或獨善其身是自私的暗示，例如「有好東西不能私藏，應該要分給家人」、「照顧他們，是理所當然的」。這一類的暗示裡，所要分享和照顧的人，就是家裡有「特權」的人。

在我常聽到的個案裡，有特權的通常是父母或男性手足。因為**受到重男輕女觀念的影響，綠葉情人裡，女性多於男性**。

把男友當生活重心的小蓉。童年時，將父親與哥哥當作天，而母親所有事情也都以父親馬首是瞻。母親要包辦所有的家事，有餘力時，還要幫忙處理家族生意，但父親對母親卻沒有相對的照顧與尊重。

小蓉的家族裡看重長子，所以在爺爺奶奶面前，哥哥什麼都是好的、什麼都是對的。除夕時，哥哥可以和大人坐同一桌，自己單獨吃一隻雞腿，不像其他同輩分的小孩不但得擠一桌，還只能一起搶兩隻雞腿。

所以小蓉一直以為男高女低是正常的兩性互動，自己應該要成全那些有「特權」的人。

這些生活瑣事稱不上創傷事件，但卻在日日夜夜中累積出了習慣。

小蓉習慣在餐桌上聽爸媽叨念對大哥的要求和期望，卻不覺得父母也有興趣知道她在外的困難或成就。

小蓉不怨自己在父母眼裡「隱形」，甚至偶爾會同情被父母「誇張」對待的哥哥。她只求有一天能找到一個願意聽自己說話、會對她的心中想法感興趣、會認為發生在她身上的事情很重要的伴侶，然後一起建立夢想中的家庭。

與男友「共生」，降低焦慮?!

大學裡的性別通識課，讓小蓉見識到所謂兩性平等的概念。小蓉理解到原來男尊女卑不是讓人舒服、健康的互動方式。

離開家以後，小蓉以為只要找到願意聆聽、肯尊重自己的人談戀愛，就可以打破家庭循環，讓自己的人生活得與母親不一樣。但真的是如此嗎？

小蓉在大學時期的男友很有才華，是她設計系上的同學。當初念設計的時候，小蓉因為不善表達，一看到教授，更是緊張得腦袋一片空白。她也無法上台對很多人報告，所以儘管她很喜歡設計，但一年級時很不適應，很多課都因為自己的社交焦慮而被迫缺席。

一直到辯才無礙的高材生男友出現，才拯救了小蓉的大學生涯。男友的特長剛好和她互補，兩人因緣際會，分在同組。同組的同學決議把上台呈現的部分讓給很會說話的男友去發揮，其他人樂得各自乘涼、不做事。

但唯獨小蓉覺得這樣不公平，因此攬了許多幕後的工作來做。他們兩人成了真正有在做事的組員，後來愈走愈近，就順理成章地在一起。

交男朋友之後，小蓉面對人群與權威的焦慮，好像不藥而癒了，但實際上，是被不著痕跡地隱藏起來了。

很多的分組報告由男友負責發表，而個人報告，小蓉在男友的陪伴下，也能勉強過關。小蓉總是想著：「我不能讓他失望，他這麼支持我！」這些想法幫著她轉移了

「教授怎麼想我、同學怎麼看我」的擔心。**以男友為中心的狀態，壓下小蓉對「個人成敗」的焦慮**。把心思都放在男友身上的小蓉，人際焦慮大幅降低。在學業與生活上，有了許多突破和成長。

她認為這是談戀愛的功勞，覺得是男友幫助自己向上提升。

愛情創傷來自童年創傷

習慣躲在「男友光環」後面

那一段完美的初戀後來哪裡出了錯？分手後的好幾年，小蓉還是想不明白。只記得到後來兩人相處時，男友的姿態總是高高在上。男友即使錯了，也不肯道歉，且總對她的想法和做法指手畫腳，對話中充斥著批評，搞得她好像在跟一個教授交往，讓她壓力很大，焦慮爆表，最後對方變心劈腿，甩了小蓉，去和一個畏畏縮縮、在他旁邊卻顯得小鳥依人的學妹在一起。

小蓉後來的感情，也是走類似的模式。小蓉習慣與自己有互補特質的人交往。她認為自己內向，又沒有人生目標，所以外向、幽默、能言善道的人，或者是身上背負許多責任、對前途充滿野心的人，對她而言都很有魅力。

後來，小蓉才發現這兩類人隱藏的危險，前者是花心，後者是自私。不過，這些都已經是她的後見之明了。

小蓉去找心理師晤談，想探索自己在感情中的盲點。

小蓉仔細地回顧感情史，發現原來當自己躲在「男友中心」的光環後面，焦慮降低，能力逐漸成長。雖然她都歸功於男友，但隨著「個人成功」愈多，自己和男友的關係似乎逐漸改變，而那些改變對她而言很陌生。

當小蓉不再比男友弱，不再每次都需要協助，可以和男友一樣，有不錯的成就，甚至超越對方。男友開始不習慣，她自己也不習慣。

他們兩個原本熟悉的是「上對下」的模式，而當轉換成平起平坐，男友若自信心不夠強，被勾起自卑感，就開始挑剔她、批評她，努力維持自己「在上」的位置。

另一方面，「平等」的模式對小蓉來說，可能沒有「上對下」來得安全，所以**當她愈成功，她心裡也會希望男友有更好的表現，好一直維持著自己「在下」的位置。這種內心需求形於外，就變成對男友隱性的埋怨和要求，刺激著對方，卻不自知。**

愛情創傷
來自童年創傷

讓自己成為主角，不用躲在誰的後面成功

小蓉記得當媽媽去店裡幫忙，讓生意變得比較好的時候，爸爸就會把她趕回家裡做家事。

小時候，她就覺得媽媽其實比爸爸有商業頭腦。在晤談時，回想起來，小蓉突然生出一個以前絕對不會有的想法「媽媽一個人可以把店做得很好」。

心理師接著對她說：「是的，你一個人也可以把自己過得很好。」

原來小蓉離開家裡，出去尋找會重視自己、會對自己好的感情，**她得先對自己好**，先願意讓自己成為主角。**願意看重自己的成就**，不用打著別人的名號努力，不用躲在誰的後面成功。

當小蓉花時間、心力，從頭愛自己，陪自己走過獨立自主時孤身一人的焦慮，她就可以跟下一個共舞的伴侶，輪流帶舞，各自美麗。

心理師的剖析

小蓉自小生長在男女不平等的處境。在被剝奪的關係中，身為「受害者」的她，被教導成習慣犧牲自己的「拯救者」；長大後，她把自己看得弱小、卑微，躲在「拯救者」男友的身後，為此感到很安全。

其實**小蓉的自卑和犧牲，容易吸引或是養成「加害者」**。

表面上，小蓉好像找到依靠，但實際上，**她仍然在親密關係中，複製了原生家庭裡的不平等，再度成為隱形的「受害者」**。

心理師給親愛的女孩

你總是尋找有互補特質的人談戀愛嗎？你是不是躲在情人背後，逃避著某項個人議題呢？

反思一下，自己的人生功課，不能靠愛情偷懶，否則你的愛情故事很可能會不斷複製原生家庭的老劇本。

冰箱情人：她從小就習慣一個人

她覺得他們倆心靈相通，天真地以為彼此就算不說話，在一個空間各自默默做自己的事，也非常幸福。

直到分手的那天，他說他喜歡她的安靜，但沒想過跟她戀愛會那麼寂寞。

他不想再當《快樂王子》故事裡的燕子。愛上蘆葦的燕子願意放棄與燕群結隊，每天殷勤地對蘆葦說話，但蘆葦卻總是沉默。

冗長的會議，讓簡甄的心神飄到遠方。自己的部分已經告一段落，她開始試著在筆記本上條列出晚上與心理師見面要談些什麼。

每次進晤談室，簡甄都放空。她等著心理師開口。

上次心理師提出這個觀察，簡甄才發現自己確實有此習慣，**總是把對話的責任交給別人。**

分手四年了，簡甄到現在才明白前男友當初跟她談戀愛的感覺。男友得負責想兩個人的話題，撐起兩個人的溝通，在戀愛裡獨挑大梁；而當時她一直認為這是理所當然，天真地以為她和他最有話可聊，甚至把兩人在一起的安靜當成默契，對他的辛苦與不安，渾然不覺。

這些年，有人對簡甄示好，但她沒辦法讓自己再戀愛。她害怕那些積極、想靠近她的人。簡甄擔心彼此不適合，害怕自己又再次冷落對方，但更多的是，她不想再次經歷分離的痛苦。

孤單，和眾人沒有交集

找心理師晤談之後，簡甄開始觀察自己的人際關係。

愛情創傷
來自童年創傷

簡甄用不同的角度思考很多事情，例如以前男友問她公司同事有沒有一起團購好東西。當下，她想也不想，就說沒有。最近才發現原來同事間會揪人一起買東西、聚餐、唱歌、出遊，只是很少約她。

簡甄想，就算同事提出邀約，以前的自己應該想都不想就拒絕。與其說簡甄不重視人際關係，不如說她打心底抗拒這些她不熟悉的社交活動。

在簡甄之前的人生裡，沒什麼機會參與這些看似不起眼的互動。她不知道這是人際間分享快樂的方法之一。

簡甄的父母是研究員，常因為研究主題的關係，需要到不同地方工作。她是唯一的女兒，理所當然跟著父母四海為家。

父母用開放、開明的方式教育簡甄，鼓勵她發揮自己的能力。在充滿著大人的生活環境裡長大，早熟和獨立是她必須要學會的事情。

對年幼的簡甄來說，父母的忙碌與開明，不只鼓勵她要快點長大、獨立，**被簡甄**

吸收到心裡的潛台詞，可能是「我要快點進步，快點靠自己，不然我會成為父母的拖油瓶」。

為了不要成為家庭裡的負擔，簡甄變得很獨立，她成為不需要仰賴和別人合作就能活下去的女孩。

「獨立」需要環境的培養與鼓勵，然而「合作」也需要被帶領著學習。**簡甄的原生家庭滋養她「個人能力的發揮」，但在「與人溝通、互動」上卻十分貧乏。**

到現在，簡甄的獨立自主成為無須和人分享、互助的條件。她的個人能力無法透過合作，發揮更大的影響力。

在人群中，簡甄成了孤僻的圓，和眾人沒有交集。

以為「凡事自己來」，對所有人都好

晤談一段時間後，簡甄愈來愈會觀察人際互動的細節。她不再對周遭的氛圍一無所知。

有一次，簡甄和心理師討論工作時不愉快的感受。簡甄覺得同事在攻擊她，心理師聽了過程，也覺得有可能。

簡甄疑惑地問心理師：「我並沒有惡意，他為什麼要攻擊我呢？」

心理師反問：「一般來說，人會攻擊對方，都是因為覺得自己被攻擊了。你回想有沒有可能你之前的言行，從對方的角度來看，像是一種攻擊？」

簡甄被問住了。

要回答這個問題，除了要自我觀察，還要稍微了解對方的思考方式，才能站在對方的角度思考。但簡甄幾乎沒有與同事合作的經驗，她的腦海中完全沒有線索。

每次，老闆問簡甄是不是需要人手，她總是毫不猶豫地搖頭。她有能力自己完成專案，所以很少與同事合作。

簡甄以為「凡事自己來」，對所有人都好。

來自童年的傷痛——總是一個人

「你一個人可以嗎？」她記得小時候爸媽要留下她一個人的時候，總是這麼問她。

她想到這裡，莫名地流了眼淚。

心理師問簡甄，她說只覺得當時自己回答這個問題時，總是很為難，但現在想起來，心裡覺得很難過。

心理師說她心裡很矛盾，所以為難。因為這只表達了一部分的自我，另一部分的需要並沒被照顧到，所以難過。

簡甄心裡浮出一句從沒想過的話：**「我有能力自己來，但我想要你陪我。」這是她童年無法表達的任性。**

是保母，還是控制狂？

也許是沒被照顧夠的孤寂，簡甄周身都帶著憂鬱的氣質，讓人感覺疏離。男性會被這種神祕感吸引，但熱臉貼冷屁股，誰也撐不了多久，追求總是不了了之。

能夠跨越重重難關的不是英雄，更像是保母型的男性。他們體貼入微，很喜歡照顧人。簡甄像心靈上的孤兒，很需要這一類型的暖男。一冷一熱，感覺很搭。

不過，帶給簡甄創傷與恐懼的戀情，也是一個曾經很適合自己的男人。那段戀愛是她迄今為止最長的一段。沒有更早分手的原因，不是因為情深，而是因為糾纏不清的害怕。

那個男人包辦所有的家事，會煮飯、洗衣、打掃，不介意幫簡甄開門、提包、買衛生棉，但會過問她所有的行程，想知道她全部的祕密與密碼，介意她與任何異性的互動。

一開始，簡甄告訴自己，談戀愛就是這樣，是自己要學會適應。

簡甄沒有手帕交可以討論，無從了解正常戀情來比較。**她害怕是自己不適合和人相愛。這個想法，讓簡甄不敢分手**。

但簡甄身心窒息，每天偷偷哭泣，失眠、食慾降低。心理師說這些都是憂鬱症狀。簡甄深有同感。好險，後來她救了自己。簡甄請公司將自己外派，什麼國家都可以，愈遠愈好。她用人間蒸發的方法，逃離了那段戀情。

簡甄在國外待了兩三年，一直等到得知他結婚了，才敢回國。

「疏離」是她的愛情防衛模式

因為當初那段失敗的戀情，簡甄對人就更加小心，結果害慘了後來的男朋友。戀情開始之前，簡甄觀察許久，知道對方也是需要有個人空間的人，而且想法開明。追求她時，對方一直保持令人安心、舒服的距離，簡甄才敢放心與他交往。簡甄是真心喜歡他，也放了感情，但不知道為什麼最後自己還是被埋怨、冷漠。

和心理師回顧戀愛經驗後，簡甄才逐漸看清楚自己的防衛模式。那些，簡甄當初以為的尊重，現在看來都是疏離。例如，一開始，她就與男友劃清兩人時間跟個人時間，言明各自可以保有祕密與交友空間。簡甄不知道兩個人在一起，可以做些什麼，她也很常拒絕男友提議的活動。簡甄喜歡兩個人待在一起，但卻是各自做自己的事情。而兩個人對話時，簡甄常放空。回想起來，這是簡甄覺得關係進展太快或太親近時，拉開距離，降低自己焦慮的方式。

這些難道錯了嗎？把談戀愛當成談生意一樣，**希望事先用約定來維持界線，這其實抹煞了許多相互了解與磨合的可能性**。花點時間相處後，也許簡甄才能真的了解自己想和對方分享什麼，而哪些想留給自己。

沒有覺察到自己與對方親近時的焦慮，沒嘗試把自己心裡模糊，但不舒服的感覺表達出來。雖然本意是擔心破壞關係，但缺乏溝通，讓兩人都陷入無法調整的無助感，最終扼殺了戀情。

在關係中「勇敢表達自我」，是自己的責任

簡甄發現自己之前的人生，花了許多時間在增進專業能力。她覺得人與人之間的事情太複雜，乾脆認定自己不善言詞，視「增進人際溝通能力」為畏途。

心理治療拓寬了簡甄的想法。**學習溝通不只是人與人之間的事情，也是她與自己的事情。**

簡甄需要花時間了解自己，也需要從原生家庭給的框架裡走出來。如果人的心靈像一個花園，種滿了各種心理能力，要悉心以各種體驗來灌溉。

「表達自我」是她花園裡被冷落的一塊。過去人們只看見她一個人可以完成事情的能力，現在她要在人際關係裡，嘗試新的方法——練習讓別人了解自己的想法和感受，讓自己有機會愛人與被愛。

心理師的剖析

在原生家庭裡，簡甄沒有機會建立親密的母女或父女關係，她默默地適應「局外人」的角色。

缺乏親密經驗及過早被鼓勵獨立，簡甄習慣被排除在外的身分。她不懂得如何和別人建立親密關係，對關係中會有的情緒波動比較敏感，一旦受到挫折，可能落入「受害者」處境時，她就會用「保持距離」這個方式，讓自己再度成為「局外人」，來逃避困境。

心理師給親愛的女孩

一、每一段戀情都會帶給自己禮物：

如果兩個不適合的人，卻互相吸引，那麼，背後包含許多可以自我觀察的線索。例如：被保母型的戀人吸引，很可能是自己的內在有被照顧的渴望。

二、自我了解、修復創傷、增進表達是我們畢生的功課：

很多人認為「回顧過去經驗」和「調理人際關係」很複雜，也很困難，因此說服自己把這些當成身外之事，但若長期忽略自我了解、修復創傷、增進表達等基本功課，結果只會讓生活窒礙難行。

其實人與人之間的相處學問，正是一個人有生之年能否安身立命的重要知識，值得我們花心力投入。

依賴情人：若結婚，她要媽媽與她一起住

「我覺得你還是不要換工作好了！」香香說。

阿毅一聽，心裡就有氣，忍不住直接嗆：「是你覺得，還是你媽覺得？」

明明兩個人早就商量好的未來規劃，卻輕易就被更改，這已經不是第一次。阿毅覺得自己的忍耐到了極限。

香香被男友兇，心裡也覺得委屈，她也不願意夾在母親與男友之間。真搞不懂為什麼每一任男友都要逼她。找一個能夠與家人和平共處的男人，真的不可能嗎？

阿毅和香香已交往五年，雙方長輩都在催婚，大家都怪阿毅猶豫不決。

愛情創傷
來自童年創傷

殊不知兩人的感情表面上穩定，但卻一直有局外人看不出來的問題。這問題只有阿毅知道，他若想與香香結婚，就必須帶著丈母娘一起生活，而他不想過買一送一的婚姻生活。

阿毅嘗試與香香溝通，其實阿毅是想和香香一起到其他縣市工作。他們倆是同一個產業，若因為工作需要，順勢搬出去住，就可以過兩人生活。

阿毅覺得這是一個能兼顧事業和感情的未來規劃，但香香不想離母親那麼遠，搞得阿毅好像是拆散別人母女的壞人。

「買一送一」的女朋友?!

阿毅和香香是念研究所時認識的。阿毅老家在南部，大學畢業之後就離鄉北上念書。香香住北部，從小沒有離開過家。畢業後，兩人為了職涯發展，決定繼續留在機會多、條件好的北部找工作，而香香母親體恤小倆口剛出社會，賺不了多少錢，便邀阿毅一起同住。

一開始，為了經濟考量，阿毅覺得住香香家只是暫時的選擇，但隨著相處時間愈長，阿毅發現自己不只多了一個女朋友，還多了一個媽媽。

阿毅雖然被香香母親照顧，但也受到無形的限制，例如雖然每天有媽媽味道的晚餐可以吃，但兩個人下班後的行程就會受香香媽媽的干涉。另外，兩人一起住，媽媽雖會包辦全部的家事，但個人隱私就蕩然無存。

身為女兒，香香並不覺得母親這樣有什麼大問題，她甚至很感謝母親幫自己處理生活瑣事；只要跟媽媽一起住，香香就可以逃過這些傳統女性被逼著做的事。

阿毅年輕時就離家念書，他獨立生活很多年了，生活習慣良好，可以自己照顧自己，所以他不是很歡迎香香母親的協助與涉入。**阿毅覺得自己被弱化，同時失去對自己生活的主導權**。

阿毅幾次想要嘗試改變一些生活習慣，增加關係裡的界線，例如固定不在家裡吃晚餐，或爭取自己開伙、自己洗衣服、打掃自己的生活範圍、分擔做家事等，希望讓一起住的家人變得更像互相尊重的室友，但卻得不到女友的諒解與支持，兩人常為此鬧得不愉快。

不想讓母親孤單一人

香香難以理解阿毅的心情，只覺得他想做的改變，讓自己很為難。

阿毅總是說：「這不是孝不孝順的問題！」但對香香來說，「這就是孝不孝順的問題！」

香香不懂只是讓老人家做她想做的事情，又不用自己動手，為什麼這樣不行？

香香覺得母親是在父親過世後才變得黏人。哥哥留學畢業後，定居國外，自己前幾年也在外地念書。原本爸媽兩個老人家相伴，還不會無聊，但半年前父親重病過世，母親就孤單一個人了。

香香私心希望待在北部工作，部分原因也是為了多陪母親。如果可以讓母親找到活下去的動力，那麼，犧牲一點自由和自我，也是值得的。

平心而論，有母親在生活與家事上的照顧，香香可以像同齡的男人一樣，無後顧之憂的加班、工作。日後結婚、生子，也有母親可以幫忙照料孩子。

從這個角度來看，香香覺得阿毅只顧自己的自由和隱私，無法同理身為女性的處境。

母親心裡兩道深深的傷痕

健康的人際界線擁有彈性，可以適應各種情境，但對有關係議題的人來說，界線可能像一道令人心酸的傷痕。他們願意窮盡一切努力，去避免和自己愛的人之間有隔閡。在他們心裡，「界線等於距離，距離等於分離。」

香香的媽媽是家中老么。六歲時父親意外過世，家中頓失經濟依靠。當時年齡較大的兄弟姊妹都被迫提早獨立，紛紛離家念書或工作，整個家裡瀰漫失落的氣息，母親的身邊只剩下香香媽媽一個小女孩。

香香的媽媽對這個么女格外疼愛，香香的媽媽因此也很習慣和母親親近，且擁有高度情緒共鳴的關係。

愛情創傷
來自童年創傷

香香的媽媽一直和母親同住，即使婚後也住在娘家附近，每週回家好幾次，這樣的狀況維持兩年。當母親過世，香香的媽媽非常悲慟，她變得格外依賴丈夫。後來因為精神狀況不佳，停止工作，全心照顧剛出生沒多久的大兒子，隨後懷了香香，過著幾十年以家人為中心的日子。

對於香香的媽媽來說，她的父親早逝，沒有更多機會親近。和母親的關係緊密，沒有機會體驗分離，沒有足夠的時間親近，也沒有在陪伴下經驗分離，更沒有機會練習獨立就面臨死別，這是香香的媽媽界線議題的成因。

大兒子大學畢業後，決定出國念書，後來選擇定居國外，這是香香的媽媽心中第一道心酸的傷痕。雖然理智上她知道自己應該尊重孩子成熟的決定，但心裡仍深深覺得自己是「做錯事被懲罰」。

她常不由自主地懷疑自己對兒子哪裡不夠好，才會讓兒子不願意留在自己身邊，就像小時候兄弟姊妹都「拋棄」母親，只剩自己和母親相依為命。

雖然那時香香的媽媽身邊還有丈夫與小女兒的支持和陪伴，大兒子才能順利地完成離家獨立的任務，儘管如此，香香的媽媽也花了好幾年的時間，慢慢去適應，並接受兒子是獨立個體、接納兒子在異鄉成家，最終接受兒子和自己已經是兩家人。兩家人要彼此尊重，互留空間。

半年前，丈夫生病過世，這是香香的媽媽心裡第二道心酸的傷痕。丈夫是香香的媽媽失去母親之後最大的心靈依靠，香香的媽媽因此幾乎失去活下去的動力。喪偶也讓香香媽媽的處境，變得和早年情境相似，都是兩代母女相依為命。因此輪到小女兒香香該獨立時，就變得格外困難。

香香的媽媽不想讓女兒離開。她希望女兒可以留在自己身邊，或是自己可以融入女兒的家庭裡。

被母系連結、介入的伴侶關係

和過於介入子女生活的父母同住，對身心獨立的成人來說，是很大的壓力，更何況那不是自己的父母，是伴侶的父母。

這種現象過往在女性身上很常見。我們的社會文化似乎鼓勵或容忍「丈夫的母親／婆婆」的角色，可以對兒子的伴侶有超出界線的干涉。

因此婆媳議題在晤談室裡，熱度持久不退，但近年來，我發現另外一種隱形勢力逐

愛情創傷
來自童年創傷

漸浮上檯面，那是來自女方強烈母女連結的力量。

深入晤談下，常可以追溯出貫串整個家族的母系議題，就像香香的媽媽一樣，**三代母女的議題都是失落、孤獨**，必須母女相依為命。

你可能會推測在現代社會雙薪背景的條件下，為了經濟及自我發展，女性對事業有更多投入，所以會需要娘家人的幫忙，特別是新生兒出生時。

很多時候，母親／丈母娘是以外婆的角色進入小家庭。這些客觀的需要確實存在，但就像婆媳關係裡會有心理相對健康，懂得尊重彼此界線的婆婆。母女關係裡，也有能夠適時協助，但不過分介入的丈母娘與外婆。

進入成年期，需要和原生家庭有新的距離

在阿毅和香香的例子裡，強烈母系連結的介入，從戀愛階段就開始發酵。阿毅在考慮婚姻時，已經把香香想像成是和母親包在一起的連體嬰。香香自己潛意識裡也可能是這麼想的。

如果兩人分手，未來香香尋找對象的標準可能會強調一個美德「孝順」，但潛台詞

是「你要接受我媽媽在我身邊／你得承受我媽媽對我們生活的介入」。這一點，如果性別顛倒，我們多數人會稱有這樣特質的男性為「媽寶」。

當我們進入成年期，準備追求更大的自我實現和獨立時，需要和原生家庭有新的距離。

過往，我們都著重於個人心理發展，卻很少花時間去思考，除了自己的成長，我們該如何和父母一起適應這個新的家庭階段。**在我的晤談經驗裡，能夠顧到後者的人，更容易完成前者**。

心理師的剖析

從香香與阿毅的兩人關係來看，女方過於緊密的母女關係，造成兩人的親密關係難以發展。而從這個角度來看，香香若要在母女關係裡當「拯救者」，就會變成親密關係裡的「加害者」，而阿毅是「受害者」。

在這個故事裡，**依賴議題最嚴重的是香香的母親**。從香香母親的視角來看，自己一直是被別人（父親、母親、兒子、丈夫）拋棄的「受害者」。香香母親期待、依賴一個「拯救者」。小時候喪父，依賴母親；兒子離開，依賴丈夫；丈夫過世以後，就期待女兒香香做自己的「拯救者」。而如果女兒和男友更親近，就變成「加害者」。

香香對母親的依賴，及母親的過度涉入，讓香香無法獨立自主，所以很難與阿毅建立健康的親密關係。

從香香的視角來看，當香香偏向男友，想脫離原生家庭，建立自己的世界時，過分依賴自己的母親就成為「加害者」；反過來，當香香對母親感到內疚，或在親密關係中受挫，心裡偏向母親時，男友就成了傷害自己家庭關係的「加害者」。

心理師給親愛的女孩

一、覺察兩人關係之間的第三方：

我們常常在防範戀情中的第三者，殊不知讓男友卻步的女人，不只是別的女人，還可能是自己的媽媽。

我們的戀愛觀和親密模式實實在在會受到原生家庭的影響，所以開始一段戀情時，好好覺察自己戀愛時的習慣，受到哪些無形力量的形塑，這也是很好的自我成長練習。

二、和父母一起適應獨立後的新距離：

不管你有沒有戀愛經驗，未來要不要選擇結婚、生子。你是獨立的個體，終將會在物理及心理上離開原生家庭；而父母正經歷個人的老化與家庭的離巢期，你的成長和他們的失落之間，是否有共存的新可能？

新的距離是為了彼此更好的互動，而不是為了永遠隔離。

無實情人：因他有個「不能輸的父親」

他自認和那些只用下半身思考的男人不一樣。他不會被下面的小頭控制，他很照顧，也很尊重自己的女朋友。

他不明白為什麼女友還要抱怨。難道女人嘴上說自己喜歡新好男人，骨子裡卻喜歡小頭思考的壞男人？

「她最近常生悶氣，整天懷疑東、懷疑西。她說希望我更有男人味一點，說穿了，是希望我能主動說要做愛。」書文一臉苦惱地對我說。

乍聽之下，他的處境令人唏噓又同情。在工作上被主管嫌做事沒主見，談個戀愛，還被女友抱怨性事不主動。

但一開始，主管欣賞他的進退得宜，女友喜歡他對自己溫柔、尊重，為什麼到後來優點都不再是優點了呢？

無法展現陽剛，是因沒有勇氣突顯自己

書文自認自己是正常的男人，只是與大部分的男人不一樣。他跟那些女孩嘴裡的「臭男生」或女人眼中的「壞男人」不是同類。他無法與男人稱兄道弟，反而和獨立、爽朗的女生相處自在。

如果仔細說說哪裡不太一樣，可能是雄性遇到獵物會想要攻擊，而書文比較想要和對方聊聊。

雄性在關係中喜歡主導，而書文覺得自己比較適合被領導。雄性被威脅時會直覺想反擊，而書文覺得逃離危險才是最好的反應。

很多時候，與書文相處的人，會不知道該怎麼形容書文的特別之處，所以常會以略帶歧視或貶抑的詞，例如中性或陰柔來形容他。

愛情創傷
來自童年創傷

書文不同於一般男性的特質，有很明顯的好處，讓他能在競爭環境裡和大家和睦相處，但當主管需要他在職場上衝鋒陷陣，或仰賴他的專業，做出判斷時，書文的反應常顯得猶豫又被動；當女友需要他的個人看法，想從他的行動中感受到對自己的熱情時，書文又常沉默以對。

這讓和書文相處的人，感到深深的不滿足與失望。

陽剛的反面不是陰柔。無法展現陽剛的人，其實是沒有勇氣突顯自己的人。**什麼叫做突顯自己呢？**這和自信、自大或自私等形容詞無關，而和**「我訊息」相關**。以我為開頭的話語，像是「我想要……」、「我認為……」、「我可以……」這類的句子，簡稱為「我訊息」。**我訊息是用來表達「以我為主體」的需要、想法和行動**。

書文腦中的字典裡的「我訊息」很匱乏，讓他在某些時刻顯得被動。這樣的思考習慣和成長背景有很大的關係。

「不能輸的父親」陰影下的男孩

很多小男孩覺得跟爸爸玩遊戲比跟媽媽好玩。因為在遊戲中，若被爸爸打敗，仍有機會進步，最後甚至能夠偶爾戰勝爸爸。

「爸爸是英雄，我也是英雄」是男孩心靈茁壯的重要體驗，是與小女孩塗媽媽口紅、穿媽媽高跟鞋，想像自己可以變成比媽媽美麗的女人類似的發展經驗。**孩子透過認同父母來形成自我概念**。相信自己可以「超越父母」是成長中美好的期待，也是我們長大的心靈動機。

很多來找我談小男孩問題行為的母親，會提到男孩有個「不能輸的爸爸」。這樣的爸爸很孩子氣，會和兒子競爭老婆的愛與關注。

在生活的各個層面都強調父親對兒子的權威。即使在遊戲中，也步步為營，絕對不讓兒子超過自己。對於兒子不同於自己，甚至可能超越自己的任何表現，立刻防衛，並加以打壓。

聽了這些描述，大家應該可以想像在這樣的背景下成長，任何人都很難發展出自信、主動、積極的特質。

書文就有一個「不能輸的爸爸」。他的爸爸是公家單位裡的高官，是個嚴肅且脾氣暴躁的人。下班回家還是像在單位一樣，維持著高姿態。每一個家人都要戰戰兢兢、俯首稱臣。大到人生選擇，小到刷牙、洗臉，處處都要兢兢業業。

「努力讓父親滿意」是長子書文的首要任務。在父親的權威下，沒有「我訊息」成長的空間，偏偏父親時不時還大罵：**「你難道都沒有自己的想法嗎？」這是一個傷害兒子不自知的父親，所說出最諷刺的話語**。

面對父親的質問，就好像上司的要求和女友的抱怨一樣，書文常常焦慮或恐懼到腦袋一片空白。

其實，他心底深處埋藏一個絕望的咒語：「我的想法永遠不比你重要！」太多太多說出自己的感受和想法，卻又被踩在腳底的經驗，讓書文覺得表達自己，只會被傷害得更深。不說話，才能自我保護。

隱藏在性愛背後的恐懼

長大後的書文面對高壓時，仍會退回心裡那個「無法取悅父親的小男孩」。

書文的心裡裝滿恐懼，他害怕自己不能讓對方滿意、害怕讓對方生氣，也擔心讓對方受傷，完全不覺得自己可以讓對方快樂。

別的男人面對女友的調情，都會感到興奮刺激而興致勃勃，但書文面對女友的求愛就像一道難解的數學題，他滿腦子擔心「我得零分，會被罵死」。

心底這種小男孩心聲，需要細膩、有包容心的伴侶才會發現，但書文卻又常常愛上內心特別「需要糖」的小女孩。

習慣愛上沒糖吃的憂鬱女孩

我們長大後挑選的對象，會大幅度受到原生家庭的親密模式影響。

書文除了有一個「不能輸的爸爸」，還有一個「不被重視的媽媽」。在家裡，母親的感受和意見，父親都不尊重，而書文的媽媽面對不受照顧和不公平的對待，總是以消極、被動的態度縱容著。

每次書文被父親責罰後，母親總以一種「悲傷無奈又愛莫能助」的眼神，看著自己的兒子，這讓孤立無援的書文，無法埋怨悲慘的母親。

愛情創傷
來自童年創傷

長大後的書文很容易愛上開朗、愛照顧人的女孩，尤其是這樣的女孩如果眼神裡，還透露著某種說不出的「憂鬱」，那對書文來說，更是有著不可抗拒的魅力。

書文的女友小倩就是這樣的女孩。她們是有點討好傾向的好女孩，體貼、會照顧人，各方面都表現很好，只是童年時缺乏被雙親認同的經驗。**她們努力，卻總是得不到糖吃，內心深藏一種「不被看重的失落」，所以，長大後特別需要情人「看見自己的好」**。

兩人都卡在原生家庭議題

小倩在親密關係中被書文以禮相待，她會比其他女孩更加挫折，因為這勾到了她的原生家庭議題。

小倩會把書文「不和自己做愛」這件事看成一種評價。小倩感到受傷之餘，也很難觀察或同理到書文內在受傷的小男孩。

面對「性」這件事，書文和小倩都退回內心。他們變成焦慮、害怕的小男孩和傷心、不甘的小女孩。雙方卡著自己的議題。

如果不能先自我覺察，然後好好安撫和照顧自己，就很難走到同理對方，進而做出有益於化解彼此僵局的行為。

親密關係卡關的時刻，與其陷入彼此討愛不得、持續相互抱怨的負向循環，不如先自我療癒。

待療傷後，自己比較有心理能量時，才可能發揮創意，讓彼此的親密關係展開不同的局面。

心理師的剖析

與父親互動的挫折經驗，讓書文難以展現陽剛特質。他闡述自己的想法時，缺乏自信；遇事不像一般人，會立刻用憤怒捍衛自己的權益。

書文默默地以「受害者」角度自居。當主管和伴侶欣賞他的時候，就是他的「拯救者」；但當他們開始對書文有期待，卻不能被滿足時，對書文而言，他們就成了「加害者」。

愛情創傷
來自童年創傷

如果書文一直不能硬氣起來，表達自己，在面對衝突與誤解時，勇於溝通，那麼，他身邊每一個人都會是無法成功拯救他的「加害者」。

書文選擇的伴侶，小倩也有類似的議題。小倩習慣把自己放在被評價的「受害者」位置。

當自己的需求被對方滿足或認同時，就會把對方當「拯救者」；一旦需求落空，就會覺得對方變成傷害自己的「加害者」。所以小倩也對兩人的親密關係很焦慮。性關係發生挫折時，同時讓兩個人都陷入「受害者」位置。

心理師給親愛的女孩

一、用自己的方法展現力量：

如果你有個「不能輸的父親」，讓你日後在各方面感到壓抑，難以自在地表現自己，那麼，「重新思考評價與競爭的意義」是你亟需努力的課題。

早年和父親的互動模式，讓你習得非得「你死我活」的人際關係。你總覺得如果不能得到父親／權威／重要他人的認可，你就不能做自己。

實際上，別人想要贏，你不一定要輸；在別人面前表達自己的意見或感受，不一定會帶來競爭或受傷，也有可能是溫暖對方、讓對方獲益、豐富彼此的互動。

不過，這樣的信念，必須透過不斷的實踐來鞏固。

二、「性」是做愛，不是考試：

性生活受阻的伴侶，往往會陷入彼此攻擊或就此放棄的循環。

性行為是愛的體現，如果我們從原生家庭習得對愛的觀念是「好孩子，才值得被愛」，這類和「有條件式的愛」相關的概念，很容易讓我們面對性時，染上獎懲的色彩。

處理的第一關是先回到內心，先澄清並療癒彼此對「愛」的觀念，而後才能談「做」的方法。

雙面情人：不能被知曉的性愛成癮

她從不看男友手機，她相信兩人可以相互坦誠和尊重。交往八年來，兩人關係穩定，即將許下終身承諾。要不是男友突然發生一場車禍，她需要緊急幫忙處理許多事，她不會發現男友的另一面。

在與她相處以外的夾縫時間裡，男友持續做著她難以想像的事，有著她完全不認識的面目。

失戀導致憂鬱很常見，而且關係結束的方式愈創傷，走出低潮的時間就愈漫長。

信娟和男友的愛情長跑八年。在結婚前夕，信娟卻意外發現男友荒唐的私生活。

原來在他們相處的時間之外，男友持續利用網路約炮。男友犧牲夜間睡眠，長期維持一週數次和不同的人一夜情。有時若約不到人，男友就直接透過管道買春。

這些訊息，讓信娟幾乎瘋狂。

終結一段長期關係固然痛苦，但**發現關係裡的謊言和背叛，則會摧毀一個人的價值感與對世界的信任**。

男友在信娟面前一貫保持著尊重、體貼的形象。男友在性事上，從不勉強她，甚至刻意表現得不像一般用下半身思考的男性，讓信娟一直為自己找到一個新好男人為傲。

男友車禍後，意外暴露在她面前的訊息，處處都顯示男友完全不像表面上對性愛不熱衷的樣子。

男友願意為性所做的犧牲、冒的風險和付出的金錢，顯見他對性的需求程度，已達成癮。

成癮者和雙面人

提到成癮，我們最熟悉的是菸癮或酒癮，再來可能是毒癮。大眾對性成癮的認識較

愛情創傷
來自童年創傷

少，即使聽到一些例子，也都被表面上荒唐、誇張的性愛成分所轉移，忽略了成癮行為的本質。

性成癮與菸酒毒成癮在大腦與心智本質上相近。當事人碰到成癮物質或進行成癮行為時，都會激發大腦快樂的酬賞系統。

他們非常依賴這樣而來的快樂感受，長期藉此擺脫壓力、逃避負向情緒。當無法接觸成癮物質或行為時，會有戒斷反應，會大量排汗、發抖、焦躁不安、噁心和憂鬱等狀況。唯有再次接觸成癮物，才會緩解，所以會重複使用。

不過，對信娟這一類的感情受害者來說，真正造成創傷的是男友維持著雙面人的生活，將信娟蒙在鼓裡。當真相被揭穿時，信娟受騙與被背叛的感覺，讓信任完全崩潰。

有些學者認為，性成癮者中有三分之二的人同時有解離性人格障礙的傾向，意即多重人格。

成癮行為和人格上的兩面性，往往會相互影響。因為把成癮當成祕密，對祕密需要花費精力掩飾，所以**成癮行為愈嚴重，就會更分化雙面人的生活**。

當性成為解藥，重演童年創傷

在《愛，上了癮》這本書中，提到性成癮者深層心理上的五個特徵：擺脫壓力／逃避、確認自己還活著／自我確認、存在價值的證明／權力、只能透過性感受愛／被愛、撫慰創傷／重演。

從這個角度來看，性被人們當成面對心理議題時用以治標的解藥，但並無法醫治其根源，還會造成關係與生活上諸多的困境。

小喬從十三歲初戀以後，男朋友就一直沒斷過。表面上看起來好像是年輕人搞不清楚自己要什麼的戀愛模式，但背後真正的原因，是小喬長期心情低落、嚴重失眠、無法獨處，而戀愛時被擁抱的感覺，以及性愛高潮後帶來的身體放鬆，可以幫助她暫時脫離負面情緒，稍微改善睡眠品質。

雙親的情緒問題，以及不穩定的原生家庭環境，讓小喬十幾歲開始就有憂鬱症狀。有時會表現在對身材過度要求而厭食，或是透過割手腕的痛苦，確認自己還活著。

有過性經驗以後，性行為也可以達到相同的目的。品質較好的性可以帶來身體放鬆，而被強迫或受虐的性就像割腕自殘行為一樣，透過疼痛和危險帶來存在感。

年過半百的阿義，孤家寡人，沒什麼積蓄。他每天努力工作賺錢，是為了讓自己下班後，有錢可以去酒店，帶女人上賓館。

「我這個月加班比較少，晚上只能少去幾天。沒去的時候，我好痛苦，一直想著要怎麼多賺點錢。」

生活中，阿義也認識一些女人，但他就是沒辦法和自己交往的女人做愛。「只有看著旅館的天花板和牆壁，和不熟的女人在一起，我才能硬起來。」

阿義在母愛極度匱乏的環境中長大。**對女性又愛又怕的情感，以及缺乏自信的權力關係議題，使他難以維持平等、互信的兩性關係**，而只有在金錢交易的脈絡下，才能放鬆進行性愛。

性可以讓阿義稍微贏得一些男性尊嚴，同時給予他所需要的溫暖和愛。

茜小時候曾被熟識的人性侵害，創傷對她的親密關係帶來很大的影響，唯有透過長期療癒，才能逐步改變。

以前內向、退縮的茜，總是被盯上，成為被性騷擾的對象，除此之外，茜也很常陷入受虐的戀情，被逼迫發生性關係。

痛苦、被迫的性愛就像是童年創傷的重演。**潛意識裡，茜似乎藉著重演來挑戰創傷、增加控制感或是自我懲罰**。

當茜的自我療癒完整，身心更加健康、成熟之後，她開始能拒絕壞情人，和相對健康的對象，發展平等、互信的親密關係。

即便如此，茜偶爾還是會透過「在不恰當的時候挑逗伴侶，讓自己陷入被逼迫或被怪罪的處境」，讓自己再度陷入受害者的角色，重演早年的創傷。

從「不被接納的自我」，後來成為「無法接受的自我」

在《你的孩子不是你的孩子：茉莉的最後一天》一劇中，母親在茉莉跳樓身亡後，踏上尋覓之旅。觀眾可以跟著發現茉莉不為人知或不為母知的生活。

茉莉除了功課優秀，還有著母親所不支持的才華，而除了希望媽媽高興，她也有自己的偶像與朋友。

愛情創傷
來自童年創傷

在心理師的回憶裡，茉莉還有偷竊成癮的問題。茉莉總是不由自主偷些小東西送媽媽，看著媽媽戴上自己偷的髮夾，茉莉心中有某種快感。

茉莉的生活其實就是雙面性格與成癮者的原型。成長過程中，有一塊「不被接納的自我」，原本是不被主要照顧者接納的部分，後來成了自己「無法接受的自我」。被自我排斥在外的，可能是自己的需要（像是被照顧），或是一種天賦、一種個人喜好，也可能是某種天生氣質（像是慢吞吞），或是特定的情緒狀態（好比憤怒或興奮）。

被丟出去的部分自我，無法和主觀、可覺察的自我統整起來，所以有了不為人知的祕密生活。

她對男友一無所知

雙面情人在關係中對他人的背叛和欺騙，是一種毋庸置疑的傷人行為。即使被壓抑的雙面性格或成癮有其原因，那也是個人應該為自己負責的議題。療癒與改變的責任在他自己。

很多人儘管一時不察，遇到雙面成癮情人。在認識較久之後，也會有所覺察，而盡快中斷關係。

相較之下，另外一些人卻長期陷入這樣的關係而不自知，或是常常讓自己處於被蒙蔽的關係中。

信娟的前一段感情是因為被劈腿而結束，但一直到最後，她都不敢相信前男友居然會出軌，就像這一段被蒙在鼓裡八年的感情一樣，她對男友的另外一個面目，難以置信。

但如果細細了解，你會發現許多信娟沒注意到的可疑之處，例如男友雖然溫馨接送情，過節禮物一定到，相處時很少摩擦，但兩人很少談心，後期幾乎不做愛。

坦白講，信娟對男友的喜好、性格、夢想、傷心事或弱點等一無所知，但信娟卻一點也不覺得奇怪。

男友完整的自己，包括被隱藏起來的部分，信娟不覺得好奇，甚至不想知道那麼多。**因為信娟的媽媽也是這樣的。**

接納自小被忽略的自己

信娟的媽媽對自己的女兒「不想知道那麼多」。信娟的母親因為出軌的父親而心靈受創，深陷憂鬱，難以分心照顧幼小的信娟。信娟的母親除了提供信娟基本生理與物質上的需要，其餘全都做不到。

小信娟陪伴著母親的悲傷、憤怒，甚至目睹母親自殘。從小沒有人有餘力關心信娟的內在世界。沒有愛自己的人跟自己聊天，傷心難過，也沒人分擔。長大後，她順理成章，不會覺得伴侶之間不談心很奇怪。

信娟透過母親所認識的男性樣貌極其惡劣。在她的印象裡，父親沉溺於男女肉體之愛、對伴侶與家庭缺乏責任感，所以當男友在生活細節上對她呵護備至，在性愛上顯得「有所節制」，對她來說，這真是「不可多得的新好男人」。這讓她難以在被欺騙的關係中提早覺察，並及時離開。

信娟的療癒之路，除了從渣男的欺騙、背叛裡走出來，更多的是，接納心裡那個自小被忽略的小信娟。把小時候沒被看見，沒機會被接納的自我，好好地擁抱回來，讓每一部分的自我都回到自己身上。**陪伴自己的難過，哀悼自己的失落，心疼自己的犧牲，認識自己的堅強。**

當信娟長出能消化自己情緒內在空間的能力時，就開始能與人談心，也開始能真正地和親密伴侶互相認識，而不再需要一段被蒙在鼓裡的關係。

心理師的剖析

在信娟的童年生活裡，父母親的重心都不是她，她是個沒人關心內在世界的「局外人」。

在信娟心中，父親的形象是對母親不忠、對家庭不負責任的「加害者」。長大後，信娟以父親為標準，以為只要避開這類的男性就可以了，但是她的雙面成癮情人對待她的方式，更像是會照顧人的「拯救者」。

信娟因為不熟悉親密關係的緣故，無法看破雙面情人的偽裝，成了感情裡的「受害者」。

心理師給親愛的女孩

一、不為人知的癮不是真正的藥：

每個人或多或少都有著不為眾人所知的一面。某些自我，只在特定人際關係中分享，有些部分只留給自己。

你接納自己的祕密嗎？你隱藏起來的部分是否傷己傷人呢？如果你的人生正被破壞性的祕密所主導，也許需要停下來，仔細檢視在那些祕密裡，是否藏著你「不被自己接納的自我」，亟待攤在陽光下被療癒？

二、「如實接納自己」才是解藥：

如果你剛從一段被欺騙的關係裡清醒，如實地接納自己是最重要的一步。

接納自己曾經愛過、接納自己沒看見某些事實、接納自己因惡人而受傷，不要把被辜負、受傷的自己丟下。承認那些令人難受、難堪的過往，好好療傷。

也許有機會，你會發現心裡還有更多被排斥在外的自我，需要你真誠擁抱。

點心情人：男友只能在星期三與她約會

每個人都以為她很多人追，但只有她自己知道在真正重要的時刻，她都是一個人。

很多人送她禮物，但沒有人陪她過節，因為跟她在一起很愉快，所以如果沒有其他更重要的事情，大家都想跟她約會。

但這些與她曖昧的對象，卻從來沒有把她擺在第一位。

快到下班時間，巧芸瀏覽著晚上要去的美食餐廳網頁，邊哼著歌，邊想著今天要吃什麼。

她心情很愉快。畢竟在小週末可以和喜歡的人一起享用美食，既能放鬆，又能充電。第二天可以美美的繼續下半週的工作。同事們也都說她最近變美了。

但為什麼總是約在星期三呢？剛開始不熟，不敢問。相約多次後，對方說因為週一固定加班，週二和同事相約運動，週四上課學東西，週五因為媽媽沒空，所以要幫姊姊接小孩下課，六、日是留給爸媽的家庭時間，所以能跟她約吃飯的時間只有週三。

他的說法聽起來沒有推託，也沒有美化，似乎可以相信他。

星期三情人?!

巧芸在我合作的機構上班。在我工作的空檔，我常會與她閒聊。

「你都沒想過，試看看其他時間約星期三先生？看他的反應？」我佯裝好奇地問。

巧芸白了我一眼，表示知道我沒說出來的懷疑。

偶爾，他會突然打給巧芸，臨時問她有沒有空出來吃飯。

「但是只要是我主動約週三以外的時間，一概都不行。去年聖誕節、跨年，還有上個月的情人節，我們都沒有一起過。」巧芸淡淡地說。

愛情創傷
來自童年創傷

被人當成正餐以外的點心情人，是美化生活的調劑品，但仍舊是個只能花一點點時間的陪襯。在真正有需要的時候，不會被想起。

這樣的關係一開始甜蜜、自在，久了，就讓人覺得更加空虛，且深感挫折。

巧芸心知肚明。她只是想多貪圖一下此刻的快樂，她知道自己遲早有一天還是得問出那句：「你結婚了嗎？」

巧芸想得滿開的，甚至還打趣地問我：「你猜他是別人的好男友呢？還是好先生呢？」

過一兩個禮拜，答案揭曉。結局出乎意料，但也滿合理。

原來對方是個離過婚，不想再負責任一次的好爸爸。

愛情裡的「湊數」或「陪襯」

有些人被當點心情人，仍然可以過得很愉快。他們不是那麼介意自己是個「湊數」，也很適應「湊數」這個位置。因為她讓自己也把對方當點心，享受那種不用對誰負責的自在。

真正寂寞的時候，他們有一兩個知心好友，或有狗兒子、貓女兒作伴，就像前面那個週三情人的女孩巧芸一樣，她能在數個男人的生活空隙優游，不斷充實自己的生活，繼續好好過日子，順便等待一下所謂的感情歸宿。

但不是所有人都能當點心情人。這無關乎愛得深或淺，更重要的是，他們不能接受自己的位置只是「湊數」或「陪襯」。

對於他們來說，「輸」給正牌情人，像他們心上的刺。繼續留在三角關係裡，想要「贏」得第一的渴望，會讓他們備受折磨，所以這類人一開始就不會被挑選為點心。即便不小心落入這樣的關係，多半早早就離開。

為什麼無法全心愛一個人？

關於理想愛情與靈魂伴侶的諸多想像中，兩個對的人就像是彼此契合的半圓，是很常見的藍圖。

但**在實際的親密關係裡，默契與和諧不是唯一的基調，能夠爭吵並修復，才是關係能**

愛情創傷
來自童年創傷

持續的關鍵。

本來不相合，甚至不相關的兩片拼圖，是透過相處的摩擦，才慢慢組合成一幅對彼此有意義的風景。

為什麼有些人沒辦法全心全意愛一個人呢？為什麼他們的感情世界需要很多點心呢？因為不是所有人都準備好，願意透過磨合，慢慢滿足自己的需求。

用粗淺一點的比喻，有些人願意慢慢養大一頭牛，然後再擠牛奶來喝，但對另一些口渴的人來說，隨處直接交換新鮮的牛奶，是更快、更安全的方法。

傑米是個帥氣的男孩，卻苦於交不到女朋友。我跟他說，我不相信。在外貌取勝的二十幾歲少年群中，我覺得他是很有勝算的。

傑米承認曾經與幾個女孩走得很近，但他說：「每當我認真想跟對方做男女朋友時，我就開始注意到她的缺點，像是身高太高、皮膚不好、聲音太嗲、不夠獨立，諸如此類的，然後，我們就無法更進一步了。」

所以他保持著跟幾個女孩短暫而友好的關係。和A一起讀書，和B聊天到深夜，跟C相約吃飯，D則可以一起出去玩。每一個都是他的點心女孩。

在他還沒有跨越某些議題前，他無法把任何一個女孩當成唯一。

如果找不到一個契合的半圓，那麼就先以功能取向來湊合著。不是常聽到條件不錯的單身男女這麼說嗎？「A外在條件好，可是B家境優渥，但是我跟C在一起最輕鬆自在，唉！如果他們能夠截長補短，那該多好！」

因為每一個點心情人都有各自的優點，沒有辦法因為一個，而放棄另外一個。

在愛情裡，如何包容對方的缺點？

與固定對象建立長期關係是一件要冒風險的事。原本在片面、短暫關係裡的美好，都可能因為相處時間拉長而變調。

例如A雖然長得漂亮，但是兩人對話不在同一個頻道。B因為家境好，所以自視甚高，難以相處。C雖然好相處，但是沒有上進心，在一起，感覺會向下沉淪。

每一個人都有優點和缺點，如果只想擷取好處，似乎要跟每個人都交往，才會幸福。

能夠享受一對一長期親密關係的人，多半有辦法在關係中欣賞感受對方的好處，也能包容、消化對方的缺點。

愛情創傷
來自童年創傷

為什麼能包容呢？可能是因為他們了解真實的自己，非常清楚自己的缺點和黑暗面。

舉例來說，講話對不上頻道，部分原因是自己涉獵少、興趣窄。和自視高的人相處不來，是因為自己還沒辦法坦然面對家庭經濟的弱勢。害怕情人不上進，會害到自己，大概是對自己的惰性非常焦慮。

眼中那些對方的優、缺點，其實反映著內心對自己的包容與抗拒。

唯有對自己的內在狀態有足夠的覺察和接納，才可能和互有好感的對象，發展深入、長期的關係。

表面上，是看到對方缺點，但其實是「擔心自己不夠好」

固定和一個對象交往，有許多令人難以承受的風險。這個精挑細選的對象，很多時候會被看成個人自我概念的延伸。有時候，我們會覺得「一個人選擇的伴侶就說明了他是什麼樣的人，也暗示著他會有怎樣的未來」。

帥氣的傑米在晤談的過程中，窺見原生家庭對自己的影響。

過去的經驗，**讓傑米無法發展出良好的自我認同，所以談戀愛時，他特別沒有自信。**

表面上的困難，似乎是他總會看見對方的缺點，但心底深處更大的焦慮是「擔心自己不夠好」。

傑米內心裡，擔憂的聲音不斷說著：「如果我和她交往，別人會看到什麼？看到她……那些缺點，那是不是代表我也不夠好？」

擔心自己不夠好的恐懼，阻礙著許多人選擇自己的「唯一」或成為別人的「唯一」。

「唯一」帶來的風險，不只是被人看出你黑暗的自我，投入一段一對一的感情，還可能會帶給你難忘的傷痛。

就像有著週三情人的女孩巧芸，眼下的她，似乎能優游在點心情人的角色中，但她並非一直如此輕鬆。更年輕的十幾年裡，巧芸曾困在一段感情中枯萎，終致被背叛。

很多人不再投入專一的戀情，是因為有過深刻的感情創傷。

擁有許多點心情人，或只當個點心情人，似乎是個可以受傷較少的選擇。

真實面對自己的「弱」與「傷」

一對一的長期親密關係，並不是感情的正解，也不是通往幸福的康莊大道，每一個人都可以決定自己的感情生活。只有適合自己，才會舒服自在。

點心情人的感情模式，並不是什麼病徵或罪大惡極，甚至我們每一個人也都無可避免地在這樣的狀態待過，但**以「部分投入」作為一種防衛**，來避免自己在親密關係中受傷。長期使用固定的防衛機轉，**將對心理健康造成影響**。

有家人、好友相伴，有寵物貓狗相陪，每天做著自己的興趣和志業，和有緣的男女同樂，但不做任何人的唯一，這樣的日子可以過得多采多姿、很愜意。

我看著女孩享受每週三的快樂，覺得很羨慕，也替她高興。但我和她都清楚，週三以外的時光裡，隱藏著欺瞞與失落，仍然會勾出被拋棄的不安與恐懼。

後來傑米找到了一個讓他捨不得當點心的女孩。他在晤談室裡猶豫、躊躇、患得患失，時而開心，時而失落了好一段時間。

傑米挖掘了自己內心深處的黑暗。他擔心自己找到不適合的伴侶，一生拖著不愉快的婚姻，也害怕自己不能做個讓女人幸福的男人，步上原生家庭父母的後塵。

在不斷地清理與重寫對自己的認識，他終於安撫自己內心說不出、道不明的焦躁，馴服了張牙舞爪的恐懼。他有了屬於自己的唯一女孩。

心理師的剖析

如果生長在一個有鮮明「受害—拯救—加害」三角關係的家庭裡，其中一個家人長期僵化地扮演「受害者」，執著地怨恨某個「加害者」，那麼，孩子們只能選擇做或是不做「拯救者」。但很多「局外人」其實是不想做「拯救者」。

巧芸可能有類似的成長經驗，再加上曾在深刻的感情中被背叛，她開始覺得不與人同盟，做感情中的「局外人」是更安全的選擇。

這樣的心理機轉，讓那些喜歡腳踏多條船的人，有了可乘之機，巧芸一不注意就容易成為他人感情裡的第三者。

心理師給親愛的女孩

一、親密關係不是天生契合：

實際的親密關係不是找到天生契合的兩個半圓，而是本來不相合，甚至不相關的兩片拼圖，透過長期的相處和摩擦，才組合成一幅對彼此有意義的風景。

二、挖掘內心深處的黑暗，清理和重寫對自己的認識：

誠實面對自己的「弱」與「傷」，並進行療癒，因為你是自己的唯一。

人魚情人：有愛無性，不可以嗎？

她覺得自己是真的喜歡這個男人。在他身邊，她感到溫暖又安心，可是她卻無法接受他的浪漫。

或許打鬧時的牽手或抱抱還行，但一旦男人開始動情地凝視她，暗示性地撫摸她，她全身就會響起無聲的警報，然後她只好睜著無辜的眼睛，可憐兮兮地懇求：「我累了。」轉移彼此的注意力。

「如果你是一個男人，你會想要一個上半身是美女，下半身是魚的女人，還是另一個上半身是魚，但下半身是人的女人？這聽起來有點黃，但這就是我的寫照。我老婆就是上半身是美女，下半身碰不得的人魚。」

這是一個來談生活壓力的憂鬱中年男子。談尋找人生樂趣時，不小心岔題，談到了性，也揭開了夫妻間不為人知的難題。

愛情創傷
來自童年創傷

在我的腦海中，浮現出許多女人的身影。她們在晤談室裡處理不同的議題，但她們都有一個共同點，致力將生命中的「性」減到最低。

有的女人過了而立之年，在性事上，仍保持不開竅的未啟蒙狀態；有的女人仇視熱情的男性追求者，因為她們相信有性就沒有真愛；有的女人覺得「性等於生育」，所以沒準備要孩子，就不需要做愛。

儘管原因不盡相同，但在愛人眼中，她們都是僅供觀賞而不可褻玩的人魚公主。

在與性遠離的眾多表象下，**人魚公主們真正害怕的是「成為一個女人」**。她們內心深處，總是擔心著如果自己受到引誘，想與愛人更親近，想獲得更多身心上的快樂，會不會因此付出難以想像的代價？是不是會讓自己吃上無法言說的虧？會不會從此遠離幸福，過著悲慘的一生？

好孩子對「性」事，絕不可以開竅

已經三十歲的珍珍，擔心自己在同齡中競爭失敗，她每天埋首於工作，幾乎沒有私人生活。

這一兩年，她看著身邊好友一個個戀愛，然後結婚。她好像突然醒過來，發現自己在「兩性交往」這一堂人生課，進度大落後。可是在她的觀念裡，「談戀愛」就像所有的玩樂一樣，要等做完正經事後，才被允許。

苦惱又無計可施之下，她決定到晤談室，找專家聊聊。

珍珍從小生活在一個「沒有性」的環境裡。她以為父母相敬如賓，應該感情不錯，但晤談時，回顧許多生活細節後才發現，父母雖然沒有吵架，但兩人間存在著許多說不清的委屈和化不開的誤會，早已沒了親密和熱情。

也許是因為父母本身對婚姻失望，他們也未曾關心過女兒的感情狀態。在家裡，能搬上檯面的只有工作和生活瑣事。

在珍珍的父母心裡，珍珍好像永遠是個小孩，不會成為一個女人。

愛情創傷
來自童年創傷

在晤談室裡，我遇過一些心靈某部分被「凍齡在孩童期」的女人。她們的親密關係與性啟蒙被延遲。回顧生活背景，可以發現在她們的人生藍圖裡沒有「女性化」的空間。

因為各種原因，父母心裡沒有女兒長大變成女人的樣子，而乖巧的小女孩不會做讓家人失望或擔心的事情。她們一直當著乖女兒，內心深處永遠是女孩。

她們的愛情多半仰賴想像

因為在沒有性、缺乏親密、沒看過粉紅泡泡的氛圍中長大，永遠的小女孩們習慣原生家庭中「中性天使般的相愛模式」。她們會對人好，會付出，也可以交到好朋友。除了親密關係晚熟之外，其他人際關係也都不錯。

她們會陷入愛河，但她們的愛情特色是較少真實接觸，缺乏性親密，整體顯得天真了些。

例如，她們常常在暗戀。很多時候，暗戀對象還是2D世界裡的漫畫、小說、動畫或電玩裡的角色，就算對象生活在3D真實世界，也可能彼此完全沒交流，例如不在個人生活圈中的偶像，或走路、上課會遇到的人。換句話說，她們的愛情素材多半仰賴想像。

她們有比較多女性的朋友，但如果和父親或異性手足關係不錯的話，也可能有一些異性朋友。

有時候，她們會和朋友擦出火花，但常常分不清「朋友與戀人的差別」。她們主觀上可能困擾於「我愛他，但也愛他，那怎麼辦？」其實**根本的問題可能是她們將「有高度親密感的關係錯認成愛情」**。對其他人來說，這種程度只是親密的摯友而已。

在健康的發展之下，當親密度升高，兩人間身體上的吸引力與需求也會增加，一般人就會自然地展開性接觸，但小女孩們的戀情此時卻會因亮紅燈而中斷。表面上的理由可能是「我覺得他不夠尊重我」、「我們心靈不契合，聊不來，我聽不懂他的（黃色）笑話」、「他只是想要跟我上床，並不愛我。」諸如此類。

也許對方真的如此惡劣，但小女孩們在「性」議題上卡關，也是事實。

性被包裝成「危險與禁忌」？

時至今日，「性」對很多人來說，仍然是只有在課堂上及婚姻裡，才被認為是可以正正當當談論的主題，其他時刻性都是壓抑與壓力的代名詞。

當我們談到性的歡愉，就伴隨著羞恥與罪惡感。當我們談到性的功能，迎面而來的就是疼痛與責任，所以「性」在母女間代代相傳的耳語裡，被包裝成「危險與禁忌」。

晤談好一陣子後，對性事不開竅的乖女孩珍珍想起被深藏的記憶。

好久以前，某一次夜裡，父母似乎為了什麼爭吵。

那晚，母親進房跟她睡。她想起母親面露愁容、語重心長地說：「你長大之後，如果沒有喜歡的人，不結婚，也沒關係。」「女孩子要保護自己，不要傻傻地被男人占便宜，會失去很多東西。不要像我一樣後悔莫及。」

小小的珍珍，心裡有很多疑惑，但很識相，沒有問出來。

在母親的叮嚀裡，一個字也沒提到性呀？但仔細想一想，真的沒有嗎？那些女孩子都很熟悉的長輩囑咐裡，是不是都暗示著「性會讓女人吃虧和犧牲」、「慎選性對象，因為那跟你下半輩子的幸福快樂有關」？**對大多數的女性來說，這些暗示從小到大，無處不在，不斷累積。**

和男人比起來，在性啟蒙面前，我們除了好奇，還多了層層咒語。等著當女孩碰到紡織車的針時，就讓她沉睡。是以被催眠得最深的乖女孩們，一遇到性就倒退，讓自己的女性面永遠沉睡。

因為不認同母親，所以拒絕「女性化」

永恆女孩或人魚公主的成長背景，除了前面提到她們的父母心中沒有「長大的女兒」之外，如果母女關係親近，而母親本身不快樂或排斥女性特質，女孩們會因為想認同母親，所以選擇和母親一樣的路。

反之，如果女兒對母親有認同困難，非常不想走上母親的路，也會以拒絕「女性化」的方式表現出來。

拒絕女性化的背後，有許多原因和情緒。**恐懼的背後是女性背負的文化與家庭偏見。**

要反抗這樣不公平的命運，似乎不能承認自己的女性特質。是不是只有不被看成女人，個人的好特質，才不會被埋沒呢？

一個年近五十、未婚的女執行長，她的中性特質讓人覺得舒服。在工作上，她很有自信，但晤談時，卻顯露在人際互動時的焦慮。

她的母親就是一個聰明，但被家庭和婚姻耽誤的女人。雖然是個好媽媽，卻用焦慮綑綁孩子。女兒對母親雖然感激，卻難以認同。

她既擔心自己過於冷靜，也擔心自己憤怒時的失控，就算適當的冷靜和憤怒幫助她把事情處理得很好，她還是很擔心別人的看法。

這看起來像是情緒控制的問題，但其實更深層的意義是「別人是不是會期待我更溫柔、更親和？」「我可以像男人一樣生氣嗎？」最終，**回歸到我們對自己所擁有和展現的性別特質是否安適**。

心理師的剖析

珍珍的父母彼此並不親密，無法示範健康的親密關係。母親常暗示她：從感情或是性的角度來看，男人都是加害者，女人常是受害者。而這些觀念，隱隱地鼓勵珍珍在感情上不要與人結盟，做個「局外人」比較安全。

抱持著女人是受害者這類觀念的女性，很容易在自我性別認同上有困難，因為擔心自己落入「受害者」的角色，難以發展女性化，更不要說建立親密關係了。

心理師給親愛的女孩

一、用正確的方式挑戰偏見與恐懼：

許多文化和家庭利用性別的偏見，以威脅創造恐懼，讓女性接受不合理的待遇，合理化女性的付出和犧牲，我們可以努力改變這件事。

但「抗拒成為女人」並不會幫助我們克服這個問題，「成為一個自由的女人」才是真正面對挑戰的方式。

二、成為你想要的自己：

你所屬的群體不只會以性別偏見影響你，也會透過各種其他想法來影響你。減輕影響成為自己的方式，是透過接觸與體驗，形成自己的見解和判斷。

「成為女人」和「擁有性」都不是容易的決定，但你要為了你自己，相信自己，創造自己的命運。

花心情人：只是在感情池塘多養幾條魚……

小剛同時和幾個女孩處於曖昧狀態。女孩們喜歡他，對他付出。他也很照顧那些女孩，就像在感情池塘裡養了幾條魚，小剛餵魚兒飼料，魚兒討小剛開心。他覺得這樣的關係，再合理不過。

嬈嬈在大家眼裡是有很多追求者的女生，但她覺得那些都是朋友。就算有男朋友了，她還是需要朋友。跟男友吵架、鬧翻的時候，男生朋友們是她的避風港。

「你還繼續玩那個聊天軟體嗎？」女孩面色不悅地問。

小剛睨了她一眼：「偶爾無聊會玩。怎麼，不可以嗎？」頗有一種你敢說不准的話，我絕對會離開的架勢。

愛情創傷
來自童年創傷

看到小剛這個反應，女孩就不敢再追問了。

他們倆原本是聊天軟體上的網友，見面剛滿兩週。一開始聊天、約會，還滿有趣的。在曖昧狀態下，小剛很喜歡與女孩有一些肌膚之親的小動作。那種取悅和被取悅的感覺，剛好滿足小剛的征服欲。

現在女方提出這個問題，無非是想更確定彼此的關係。覺察到她的意圖，小剛像被潑了一桶冷水，對眼前的人驟然失去好感。

小剛的腦海中默默亮起了其他女孩的頭像。小剛一一對照自己與每個女孩的互動進度到哪裡了，好決定週末約誰看電影。

嬈嬈覺得自己和小剛那種渣男不一樣，她不會同時和好幾個對象保持密切互動。嬈嬈有很多好朋友，有時候和男友吵架或是冷戰，她就會找朋友出來聊天喝酒，轉換一下心情。只是陪她最認真，而且長得最好看的男生朋友，偶爾不小心成了下一任男友。

他們都不覺得自己花心

小剛與嬈嬈都不覺得自己算花心。小剛從來不對任何一個女孩許下明確的承諾，既然不是女友，大家都在磨合期間，變心只是更清楚自己要的，哪有花心？

嬈嬈每一次的戀情都是一對一。有固定男友的時候，其他人都只是男生朋友。嬈嬈覺得自己的界線掌握得很好，而若男友讓自己受委屈，她選擇跟更愛自己的人在一起，何錯之有？

對很多人來說，喜歡或更深化至愛，這種能創造出親密關係的感情，具有專屬的味道。

在生理上，因戀愛帶來的荷爾蒙變化，能讓愛人帶給我們的大腦與身體最大的快樂，這使他變得和其他人不同；在心理上，我們喜歡固定與熟悉帶來的安全感，所以也偏好選擇一個最有好感的人，培養默契。

上述提到的身心因素，也許可以維持幾天或是幾個月的濃情與專一。倘若時間拉長至以年為單位，達到我們所謂深度的親密關係，這需要的，就不只是生理快感與心理安全感而已。

拉長的時間軸裡，我們繼續在生命軌道上前進，會和更多人相遇。要經營有意義或專屬性的親密關係，我們每一天、每一刻都在「重新選擇」。每次，你都會選擇同一個人嗎？

你與父母的互動狀況，影響你的親密關係

嬈嬈小的時候，父母就離婚了。當時，她的監護權被判給母親，但母親的感情狀態不穩定，常隨著男友居無定所，所以嬈嬈在國中時，去奶奶家住了一段時間。後來，嬈嬈北上念高中，此後，一直過著出外靠朋友的生活。這是嬈嬈這麼在乎朋友的原因。

小剛的家境不錯。父親的事業做得大，經常應酬，在外面與不同的女人牽扯不清。小剛的母親經營自己喜歡的小店，偶爾與小男友談地下戀情。小剛已經習慣他的父母一見面就吵架。父母各玩各的，以維持著貌合神離的婚姻。小剛其實算是不同的保母和外傭輪流照顧大的。

在這樣的原生家庭下長大，穩定的親密關係對小剛來說是什麼？能吃嗎？

我們常以為原生家庭對個人感情模式的影響，就是小孩模仿雙親的親密關係，所以常會很直觀地認為離婚或單親家庭裡的孩子，長大後，也經營不好自己的親密關係。

實際上，比起對父母婚姻生活的觀察學習，親子關係的品質，對日後的感情模式有更大的影響力。

以小剛和嬈嬈為例，影響他們日後親密關係的，不只是父母的感情關係，還有父母與他們的親子關係。

母親對待你的方式，成為你日後對待感情的方式

嬈嬈與父母的關係疏離。父親無心照顧嬈嬈，母親忙著尋求自己的感情依靠。母女關係對嬈嬈來說，也靠不住。

嬈嬈從小到大的懵懂與委屈，沒有一個穩定關係的大人陪在身邊，嬈嬈只能靠自己交朋友。

在友誼的背叛與挫折中跌跌撞撞，嬈嬈本能地學會維持幾個能幫助自己的朋友，不

要讓自己落單。所以，談戀愛時也不能沒有朋友，因為把雞蛋放在同一個籃子裡，太不安全。

旁人看來，嬈嬈是一個會慣性出軌的情人，只要吵架、鬧分手，就是嬈嬈出軌的危機時刻。

愛情創傷來自童年創傷

這一次，男友和嬈嬈冷戰三天了。他們對彼此有不同的抱怨，嬈嬈受不了男友總是把她排在後面，舉凡家人生病、朋友失戀、公司聚會，客戶急叩等，全部都比跟她約會重要；而男友覺得嬈嬈情緒起伏大，而且太黏人。交往後，常要花時間安撫女友的情緒，讓他很累。嬈嬈的男友有時候就想要跟哥兒們聚一聚，轉換心情。

對嬈嬈來說，男友對感情的處理就是對她的需求「轉身」，是背叛的一種形式，就好像小時候媽媽對嬈嬈施以管教後，連續好幾天都沒出現。見面了，也不跟嬈嬈說話。嬈嬈和母親從來沒有好好溝通，沒有完整修復彼此的關係，最後兩人漸行漸遠，變成最親的陌路人。

在嬈嬈的潛意識裡，她把感情中的吵架當成分手的前兆，而非磨合。就好像媽媽對自己的不滿，不是為了讓自己更好，也不是因為很愛自己，反而是即將丟下自己的徵兆。

因此嬈嬈男友找朋友談心、喝酒，是真的想轉換心情，而嬈嬈找朋友訴苦，卻是帶著放棄男友，棄艇逃生的意圖。

無法從保母和傭人身上，學習親密關係

小剛到處與人曖昧，身邊養了很多備胎，是俗稱的「海王」。在別人看來，小剛比嬈嬈這種在關係中出軌的人還要渣。因為他從來不給承諾，他不讓自己被任何人綁定，他甚至對一對一的關係很反感。

平常父母各玩各的，沒有花時間陪伴小剛，心血來潮才來罵幾句、管一下，或是節日時，來孩子面前討愛，小剛覺得很虛假。小剛小時候激烈反抗，長大後學會對金主裝模作樣。

小剛真正依賴的，是陪在身邊的保母和傭人，但是這些人可以陪伴和幫助他，卻不能約束和教導他。

建立在金錢關係上的契約關係，再加上頻繁更換，讓小剛無從投入感情。

小剛與自己魚塭裡的每一個美人魚，維持著類似童年時的人際關係，互助、談心，但不深入。你不要管我，我也不會只認定你。

小剛相信任何浪漫只要承諾綁定之後，就像離了水一樣乾巴巴。一旦確認關係，對方就開始覺得自己有權利對他指手畫腳，像小時候的父母一樣。

小剛追求的不是一對一專屬的親密感，而是一群人隨時在身邊，滿足他的需求。後者才是他自小熟悉的相愛模式。

即使無父母，若身邊有可靠的成人，依然能學習親密關係

我們都聽說過，有些男孩因為看不慣父親外遇，所以長大後感情專一，成家後立志做好爸爸。有些女孩在破碎的家庭長大，卻更渴望有一個家，想生兒育女，當個好妻子、好媽媽。

如果回溯他們小時的記憶片段，大概可以找到一些共同的元素，例如有人溫柔地牽手接他回家、發燒時有人放冷毛巾在他額頭上、表現好時有人笑著摸摸他的頭。這些被疼惜、被欣賞、被珍視的時光，是長大成人後的內心憧憬，也是維持一段長期親密關係的動力。

實際上，比起對父母婚姻生活的觀察學習，親子關係的品質對日後的感情模式有更

大的影響力。

如果父母搞不定彼此的親密關係，但是能讓親子關係維持在一定的品質，做到「我們不是夫妻，但我們還是你的父母」。童年能和父母建立健康的親子關係，對成人後的經營親密關係的能力，很有幫助。

早年經驗裡和某位成人建立的身心依賴關係，非常重要。在晤談室裡，我聽到許多與父母無緣的成人，他們年幼的時候都有一位可以依靠的成人。有的是隔代教養的爺爺奶奶，有的是叔叔阿姨，甚至有的是給予肯定和溫情的師長，**這些幼年經歷像內建的正向親密關係藍圖，成為未來的親密導航**。

在感情裡使用防衛方式，無法幸福

身為心理師的我，是否過度推崇「感情專一」呢？一對一的親密關係有其文化與歷史背景，用此來定義心理健康似乎不見得適當。我相信感情成長就像自我成長的其他面向，都會經歷迷惘與失誤。你不會一開始就愛上對的人，會有探索與挫折。在這些過程中，「專一」不是最重要的指標。

愛情創傷
來自童年創傷

最重要的，仍然是「自我了解與接納」。你是不是在感情中真的了解自己的需要，真的知道自己適合什麼。以嬈嬈與小剛的年紀，他們都花太多時間在感情生活上。**他們在親密關係上用了特定的防衛方式，讓他們獲得小時候未得到的安全感**，而使用了過多的心理能量。

嬈嬈有過很多戀人，不是每一個她都喜歡，有時只是答應對方的追求而已。她想要有人愛自己，而情人願意付出得比朋友更多、更安全。

嬈嬈想坐在某個人心裡最重要的位置。每一次的感情，對嬈嬈來說，都是一種試驗。看看對方有沒有把自己當成最重要。嬈嬈以為這是愛情的本質，她沒有學會互相尊重，也不知道「允許對方做他自己」也是一種愛。每一次感情失敗都導致她情緒失調，嬈嬈成了身心科常客。

小剛真正愛過的人，不在他的魚塭裡。小剛愛過他高中時的女老師、愛過公司的女前輩。他跟自己愛的女人，只維持很短的交往時間。在那些感情裡，他甚至被當成第三者或是備胎。

小剛不敢和自己愛的人，真正發展一段關係。小剛很害怕自己陷入感情時的無助。

當他真的愛上一個人的時候，會讓他經歷到小時候想找媽媽，卻得不到的痛苦。**依賴不得的無能，是他極痛恨的情緒，所以他發展出避開痛苦和真愛的感情模式。**

嬈嬈與小剛現在用來防衛的方式，並不能讓他們得到健康的感情關係。他們都需要療癒自己的傷口，在感情經驗上，重新長大一次。

心理師的剖析

嬈嬈與小剛在原生家庭中是「局外人」與「受害者」，他們把情人當成「拯救者」，但擔心對方隨時會變「加害者」拋棄自己，所以並不信任，因此必須同時和多個「拯救者」維持關係。

在別人眼中，他們是「加害者」。而和他們戀愛，會成為「受害者」。

一、停止最熟悉的感情模式：

你可能不覺得自己在感情上花心或不專一，或者你覺得就算有，那又怎麼樣？如果你發現自己在感情中的某些循環，開始讓你覺得困擾。可能你也會好奇是什麼因素讓故事不斷重演。

那麼，你第一步需要做的事情就是「找出你習慣的感情模式」，然後「停止它」。比如，你習慣和伴侶吵架時，就去找其他可能的好朋友談心、喝酒，因而常導致出軌，然後分手，那麼，你該停下來。

二、尋找真正心動的瞬間：

談戀愛與心動有時候沒有關聯。受過創傷的人，甚至會刻意把心動與戀愛分開，因為心動感覺也會帶來無助與許多負面情緒，所以他們發展出的安全戀情往往與心動無關。

找到心動瞬間，是發展真正感情關係的關鍵。

輯二

自我調理基本功

——如何療癒自己，以及用新方式與他人互動

一向內梳理：清理傷口，認識自己，增強抵抗力

步驟1：挖掘弱與傷，清理黑暗史

所有不快樂、不健康的人際互動，都源自我們對自己的心靈缺乏照顧。我們沒有好好關照自己心裡沒有被滿足的渴望，或尚未癒合的傷口。

因為不敢生氣，無法拒絕，所以總是愛上憤怒綠巨人的孟喬，原本都是等著別人拯救，才敢離開一段受虐的關係。只有孟喬回過頭，反思自己對「憤怒」的負面經驗。發現自己太害怕和媽媽一樣，成為爸爸口中「發瘋的女人」，甚至更深一層體認到，是推卸責任的父親「把母親的憤怒形容成發瘋」。

領悟到這些後，**她開始能以不同的角度看待母親，同時也接受了自己的負面情緒。**

從療癒的角度來看，孟喬能夠面對自己的弱與傷，增加和憤怒共處的能力，只有當她允許自己憤怒，她才能進一步練習如何在關係中，適當地表達憤怒。

若能隨心所欲地控制好憤怒這把內心的寶劍，不但可以維持人我之間適當的界線，還可以幫助自己遠離受虐關係。

一直周旋在幾個女孩間的傑米，療癒的過程，必須挖掘自己內心深處的黑暗。傑米的童年籠罩在父母失敗婚姻的陰影下。他擔心自己找到不適合的伴侶，一生拖著不愉快的婚姻，也害怕自己不能做個讓女人幸福的男人，步上原生家庭父母的後塵。

只有透過不斷地清理過去經驗，以及一再重寫對自己的認識，他最終才能安撫自己的焦躁和恐懼，和喜歡的女孩建立起健康、親密的關係。

如何清理創傷？最重要的是「重新解讀關鍵經驗」

你該如何自我整理呢？每個人都有自己的方法。有些人寫日記，有些人與信任的人聊天，有些人靜心冥想，有些人找心理師晤談。但若要能有效達到清理創傷經驗的效果，最重要的是「重新解讀關鍵經驗」。

負面情緒	困難情境	後續反應	經驗&解讀	重新解讀
負面情緒可能不只一層，憤怒的背後可能是憂鬱。	在關係中，頻繁出現或是帶來強烈情緒的困境。	※行為表現 ※互動方式 ※選擇	※過去的負面經驗可能不只一段 ※原生家庭童年經驗 ※過去失敗的感情經驗	※反思不同的經驗 ※以現在的自己重新看待 ※以第三人的角度看待

負面情緒	困難情境	當下反應	經驗&解讀	重新解讀
憤怒、焦慮	※之前猶豫是否要去外縣市唸大學時，母親叫我自己決定，因此「我習慣自己決定，自己負責」。 ※前男友希望我放棄工作，與他一起創業。我拒絕了，結果我被甩。因此我覺得「如果我愛一個人，我就必須犧牲自己」。	我當時沒什麼感覺，但不想回應男友。之後幾天，我都不太想跟男友見面，想要多一點個人空間。	我與男友分享自己可能得到公司外派的機會，男友表示不贊同。	※在工作上，我信任的前輩總是可以給我不錯的意見。因此我覺得「被幫助或依賴別人一點，也不是壞事」。 ※與男友商量同居地點時，也曾和男友有爭執，最後我們彼此妥協，男友甚至願意承擔比較遠的車程。因此我覺得「相愛的兩人是可以彼此妥協的」、「也不妨給對方多一點的信任和機會」。

上一頁有兩張圖，上圖是自我練習表格附加說明，下圖則是以冷漠情人簡甄為例子。簡甄與心理師分享了當週與男友間的不愉快事件，再填寫在困難情境中。簡甄反思了當時自己的心情，以及後來自己怎麼反應和處理。

這是改良自認知行為治療法裡的自我省察表格，訣竅是找出情緒、事件、行為與想法。

有些人敏感於自己的情緒，所以很快就知道自己不開心，但是卻不知道為什麼不開心，這是因為很少觀察自己的情緒，所以需要引導才能找到導致情緒不愉快的事件與背後想法。

另外一些人與簡甄一樣，不知道自己不開心，只記得自己和男友發生一些事情，也不認為自己之後的反應是因為不開心，所以需要多加觀察和練習。**當你觀察到自己有「特別和平常不同的情緒、事件或反應」，都請記錄下來，進行反思。**

舉例來說，某天中午你胃痛，吃不下飯。這是很少發生的情況，你就可以停下來，反思上午發生哪些特別的事情，可能和你的胃痛有關。也許你想起開會時，老闆對你說的話和同事的眼神，這就可以當成一個困難情境，然後再想想你當時的情緒，並記錄下來。

經驗＆解讀這欄要寫的是「想法」。當男友對簡甄的外派表示不贊同，她聯想到過去和母親及前男友的互動經驗。在引導下，反思自己對過去經驗的「解讀」。我們對事件的解讀（想法），會影響我們未來對其他經驗的看法。

母親讓簡甄習慣自己負責，而前一段的感情經驗，讓簡甄害怕自己又要為愛犧牲，因此，簡甄才會對男友的「不贊同」，反應這麼大。

「重新解讀」就是要找出和前一欄「相反的具體經驗」。這是最困難的部分，很多時候，光靠自己想不到，需要身邊親近的人或治療師的協助。

你可以試著從旁觀者的角度來看自己的經驗，例如把自己當成知心好友，以對方的角度來幫自己找相反經驗，並提供不一樣的解讀。

簡甄想起自己在工作上受到貴人許多幫助，重新調整「凡事靠自己」的這個解讀；心理師幫助簡甄回想過去與男友意見相左的經驗，發現並不是每一個經驗都不愉快。男友並非總一味要求簡甄犧牲。簡甄應該再和男友溝通看看。

很多人覺得自己知道問題出在哪裡，也知道該怎麼正向思考，更知道怎麼做比較好，但卻總是「做不到」。**原因是沒有從「事件、情緒、行為、想法、新想法」這幾個**

環節，好好連結起來，徹底運用到熟悉為止。

這樣才有可能取代舊方法，光是直接跳到「正向思考」、直接想做出「適合的行為」，難以強過腦中數十年累積的迴路。

步驟2：回溯愛情史，對照原生家庭互動，找出規律

要從經驗中學習，就必須要思考。每個人都會失戀，也都有機會愛上錯的人。我們都曾為愛迷失，有些人甚至為愛受苦許多年。如果能反思自己的經驗，並加以整理，所有的挫折與傷痛都是生命中珍貴的禮物。

想擺脫重蹈覆轍的戀愛劇情，就必須回顧自己的愛情史。很多人秉持著「過了就不要再想」這樣的態度，就像覺得自己考壞了的學生不想「訂正考卷上失分的地方」，因為回顧會讓我們再度回想起令人痛苦或羞恥的失敗經驗。

但療癒的回顧重點，不是自我懲罰，訂正或檢討考卷的目的，也不是為了罵自己笨，而是從中找出讓自己變得更好的線索。

在晤談室裡，若要探討親密關係，我一定會陪著個案一起「多次，且每次從不同角度」回顧過去的愛情史。特別著重於每段感情與原生家庭經驗有哪些關聯之處，藉此找到個人內建的親密關係模式。

雖然每個人的愛情與原生家庭經驗都不同，會形成屬於個人獨特的互動模式，但某些「回顧與連結的角度」，通常可以有效地找到一些規律。以下列出三點：

一、你在戀愛中被激發的感覺、想法或反應和原生家庭的連結。

二、自己或伴侶與父母相似的特質。

三、自己在愛情中的互動模式，與父母互動模式的相似之處。

要找出自己的每一段戀情和過去的家庭經驗的相似之處，對很多人來說有難度。因為大部分的人都覺得自己和父母不一樣，也覺得自己不會挑與父母一樣的人談戀愛，特別是在熱戀期或感情順利時，自我覺察是項艱鉅的任務。一直到感情遇到挫折，甚至分手之後，回顧和反思才有了立足點。我們會開始看到自己如何重蹈原生家庭的覆轍。

找出自己在感情中常有的感覺、想法或反應，與自己在原生家庭中做對照，進而找出相似之處。在我的晤談經驗中，這通常是很好的開始。

躲在「男友光環」後面

我們以綠葉情人小蓉為例，分別從三個角度說明，如何幫助她回顧自己的感情史。如前面的章節所述，小蓉習慣和與自己有互補特質的人交往。小蓉認為自己內向，又沒有人生目標，所以她常找外向、幽默、能言善道或充滿野心的人交往。

找一個比自己突出的男友，可以讓小蓉躲在「男友中心」的光環後面。小蓉的個人焦慮降低，能力逐漸成長，但隨著「個人成功」愈多，小蓉和男友的關係逐漸改變。從原本「男友上，她下」的模式，轉換成平起平坐。「平等」模式對小蓉來說，可能沒有「上對下」來得安全，所以當她愈成功，她心裡也會希望男友有更好的表現，以維持著自己「在下」的位置。

但這些都是晤談後的覺察，小蓉一開始是如何自我回顧與整理的呢？

從第一個方向開始，小蓉在感情中，因為交了男友而變得比較不焦慮（情緒）。談戀愛後，以男友為中心，社交圈封閉（行為）。小蓉常常覺得男友比較厲害，自己應該要聽男友的話（想法）：

如果請小蓉回想自己的童年經驗，她會發現談戀愛讓自己有回家的感覺。

小蓉在原生家庭裡，很少被肯定，所以缺乏面對外界事物的自信。離家會讓小蓉焦慮，只有待在父母身邊，小蓉才覺得安全。在家裡，小蓉的媽媽習慣以爸爸為尊，媽媽也要求小蓉優先把爸爸與哥哥的需求放在前面。

家中的兩性權力位置成了小蓉在感情中習慣的位置。

她們都在男尊女卑的家庭長大

回顧的第二個方向，是找自己或伴侶和父母相似的個人特質：這一點是大家普遍最直觀的回顧方式。

只是**我們與父母真正的相似之處，並不是表面容易觀察到的那些特質**。舉例來說，小蓉覺得自己與母親的個性不一樣。母親精明、會做生意，不像她內向而且一面對人就焦慮，但母親與小蓉相似之處是「甘居下位」、「將功勞歸於他人」、「以他人為生活中心」，這些是母女兩人在人際相處中，才會突顯出來的特質。背後隱藏的關聯性是兩人都在男尊女卑的家庭長大，對自己都缺乏信心。

延續第二個方向，如果要小蓉比較前男友與父親的相似處，小蓉會覺得男友比父親有能力多了。

但如果特別去觀察這兩個人在人際相處時的特質，就會發現父親和前男友都一樣「習慣被捧得很高」、「不能接受建言」、「失敗時會惱羞成怒」。在他們的成長背景裡，都有特別被重視的理由，例如長子或是自小表現優異等。潛在的特質是反思能力弱、挫折忍受力差、對他人不尊重或不感恩的態度等。

女兒面對伴侶惡意時的疑惑，與母親相似

第三個方向是自己在愛情中的互動模式，和原生家庭雙親互動的相似之處。小蓉可以比較自己在戀愛前期、後期與男友在互動上的轉變。戀情一開始，男友像是小蓉的救星，幫助她降低焦慮，找到生活重心，彼此維持著「上下位」關係，可以相安無事。

但當親密關係延續，兩人互動，需要彈性與平衡時，男友難以接受平等或下位，且

視此為權力的威脅或個人的羞辱，進而在關係中打壓小蓉。而小蓉也不習慣主張自己的需要或意見。面對男友的怒氣與攻擊，無法區辨是自己的錯，還是關係出了問題。

小蓉在關係中面對伴侶惡意時的疑惑，與自己的母親相似。

小蓉的母親在自己的原生家庭中，個人能力並不被認可，她只能透過婚姻關係，得到個人價值。之後，小蓉的母親為丈夫貢獻心力，並在婆家找到立足之地，這似乎是母親證明自己的唯一方法。

可是當母親表現得很好，得到的不是更多稱讚或感恩，而是更多要求與打壓，這到底是為什麼呢？母親沒有參透，小蓉也一無所知。

難以面對權威與競爭

許多在家庭中沒得到認同的孩子，人際上的心智發展一直卡在自己與主要照顧者間的關係。孩子不斷努力，想得到權威青睞，無暇思考自己與手足間的競爭關係。日後對人際間的競爭與衝突，會變得既感到陌生又無助。

以小蓉的母親為例，她的原生家庭經驗延續到婚後，變成自己不斷努力，想獲得丈夫或握有權力者的認可，卻沒有意識到自己同時發展出與丈夫，甚至婆婆間的競爭，但就算有意識到，可能也不會處理。

小蓉的母親在競爭上的議題，可能與小蓉的社交焦慮有極大的關聯。小蓉不曾被鼓勵自我表達，面對權威者或男性，只被教導做出順服反應，所以當她踏出家庭，在學校或職場上被要求自我展現時，會發現環境的期待與自己習慣的方式非常不同。很多社交焦慮者本質上是難以面對權威與競爭。

從以上三個角度回顧感情史之後，我們可以看到**小蓉在感情上的卡關，與她個人從原生家庭出來後，亟待成長的議題息息相關**。

如果小蓉能夠先在個人議題上好好耕耘，擴充面對權威和同輩競爭的人際知識庫，減輕自己的社交焦慮。在親密關係上，就不需要躲在伴侶後面，自然就會發展出和之前不一樣的愛情故事。

步驟3：增進自我觀察，練習「平衡」且「全面」地認識自己

前面兩節提到如何覺察與清理個人過去的黑暗史與感情史，也許你會想問，我很清

楚自己的問題呀，但該怎麼改善呢？

首先，如果你想要的「改善」是像鏡子打破之後，神奇地恢復到全新的一面鏡子，那麼，你可能會失望。因為人作為生物的一種，我們每一刻的呈現都是成長經驗堆疊起來的，因此改變更像是一棵經歷外力創傷的樹，卻仍努力地生長。你可以從它的樹皮、樹幹、枝葉的外貌，同時看到過去的傷痕，與當下的生命力。

有的時候，在晤談室裡，當我與求助者談到「與你的創傷或困擾共處」，常會讓對方感到不舒服或失望，好像是叫他放棄治療的意思，但其實**「共處」更深的含義是，接受所有好壞的經驗都會在你的生命中累積，都會對你產生影響**。我們作為一個有思想和自主能力的生物，可以自己選擇如何繼續成長。

要能在每一個關鍵時刻，重新做選擇，我們需要培養「覺察」的能力。只有在行動前有所覺察，才能做出清楚的選擇，所以這個章節談的是如何增進自我觀察的能力。

我們的自我認識容易受到「負面經驗帶來的想法」，以及「當下的強烈情緒」所影響。

如果能在想法與情緒上下功夫，幫自己平衡且全面地自我觀察。長久累積下來，就可以建立全新的自我認識，讓自己更有自信、更像自己。

什麼是負面經驗帶來的想法呢？就像前面許多故事裡的主角一樣，童年經驗和父母對待你的方式，會影響你長大後對事物的看法，或隱藏的態度。

例如：母親重男輕女的態度，影響了綠葉情人小蓉，讓她習慣以伴侶為優先，忽略了自己的能力與需求。

有時候，我們也會因為渴望父母的認同，全面吸收父母的價值與判斷，一直用父母的角度在評估自己。就像無實情人中的書文，在不認輸的父親心目中，永遠無法看見書文的過人之處。書文若是只用父親的眼光看自己，那麼，就會自信低落，不相信自己可以成為一個理直氣壯的男人。

有三個小習慣可以幫助你重寫負面經驗帶來的想法，包括：以開放、不評價的態度常反觀自己、接納自己的不完美，以及不斷地摘下偏見的眼鏡。

一、以開放、不評價的態度常反觀自己：

多花一點時間，思考自己習以為常的言行背後，是否有早已遺忘的故事。

用不批判且不評價的態度進行自我探索，試著「開放」並學習「篩選」適合自己的訊息，然後逐步嘗試，並好好感受，建立貼近真實的自我認識。

二、接納自己的不完美：

心靈上很多的徒勞無功是來自於一個錯誤的假設，「我應該要完美」或「我必須要完美，才值得被愛」。事實上，我們一定有美好與不完美之處，而且我們生來就值得無條件的愛。

請常常和內在的自己對話，告訴自己：「我接納自己的全部，接納我的極限，接納我的不完美。」**當遇到挫折或失敗**，而批判自己的信念再度出現時，**請告訴自己：「我接納這件事情中，我做得好的部分。我也接納這件事情中，我做得不夠好的部分。」**

三、不斷地摘下偏見的眼鏡：

童年開始累積的習慣和經驗，要調整，並不是這麼容易，甚至有一些已經和自己原本的特質相融合，變得難以區分。

儘管修養自己這條路非常困難，但卻非常值得，所以請以不畏挫折的態度持續為之，就像戒除成癮行為一樣，即使有清醒的覺察與堅定的意志，根深柢固的偏見，還是可能會在心裡捲土重來，一旦發生這樣的事情，千萬不要因為一時失誤就放棄。有一句戒菸名言：「今天不抽菸。」請提醒自己，「放下偏見」這件事情是每天每分每秒的功課。即使上一秒失敗，下一秒的覺察，還是非常有價值。

以下，我們以書文為例，說明他可以怎麼用三個小習慣幫助自己。

當上司對書文說：「你雖然很努力，但是我看不到你自己的想法。」或是女友對他說：「你可不可以有男子氣概一點？」**書文習慣第一時間直接吸收了對方對自己的看法**，「我是個沒想法的人」、「我沒有男子氣概」，**這激發了他從小到大，在不認輸的父親身邊形成的負面自我概念**。「我的想法和做法一定不夠好。爸爸說的，才是對的。」他的情緒因此變得低落，相信自己無法改變現況，行為就會更被動，讓上司或女友更加生氣或失望。

在接受他人評價前，先反觀自己

在接受他人的評價前，如果書文可以先反觀自己，聚焦在當下事物的細節，例如：

「我真的是一個沒有想法／沒有男子氣概的人嗎？」「主管／女友為什麼這麼說？我們剛剛發生什麼事情？讓他／她想這麼對我說？」也許書文會發現，主管的不滿是因為他自己之前主張的解決方法不奏效，所以轉而氣書文沒有幫忙。書文確實有別的解決方案，只是之前礙於主管的堅持，所以隱而不提。如果表達得當，現在正是書文表現的好時機。

女友的事情更是如此，如果書文不那麼快吸收女友對自己的評價，而聚焦在兩人最近的關係上，他會發現自己近期因為工作，已經取消幾次和女友約定的出遊。平常兩人間的親暱談心時間，也因為他心事重重而大幅減少。女友抱怨他沒有男子氣概的背後，其實是因為關係變得疏離。女友害怕自己對書文不再有吸引力而發出的抗議。

了解自己的優勢與弱勢，放下偏見

除了聚焦當下，做客觀的自我觀察之外，書文也需要真實了解自己的優勢與弱勢，接納自己的不完美，並常提醒自己放下偏見。

舉例來說，書文是一個害怕衝突的人，所以儘管書文在專業角度上完全不贊成主管之前提出的方案，但還是不敢冒著讓主管不開心的風險，提出自己的建議。

當書文覺察到自己「害怕衝突」的特質時，父親的聲音就會在他心裡響起：「我怎麼會生出你這個怕事的小子！」此時，書文需要同時做這兩項功課：一、接受不完美；二、放下過去的解釋，並告訴自己：「我知道自己盡可能地想讓別人開心，我也接納自己不喜歡與人衝突，但這並不表示我怕事。」

對自己新的觀察與見解，**有助於書文認識真實的自己，做出更貼近現實事件的回應，而不用一再被過去經驗拉著走。**

如何緩和被激起的強烈情緒？——專心深呼吸十下

上述三個小習慣看起來簡單，但實際做起來，仍必須先克服「當下強烈的情緒」。如果書文在面對上司的責難與女友的要求時，激起對自己的負向觀感，而陷入強烈的低落情緒，他便很難將注意力回到當下，做客觀地自我觀察。

要幫助自己緩和被激起的強烈情緒，簡單、快速的方式就是「專心深呼吸十下」。重點是放下心中雜念，專心在自己的吸氣與吐氣上，專注於吸、吐時身體的變化。

如果發現自己分心了，就對自己說：「想法就像腦中的訪客，來了就來了。不要和想法糾結，想法就會自然走了。」再次專心回到自己的呼吸上。

緩慢而深度的呼吸，可以調整自律神經的狀態，讓副交感神經活躍，降低生理上的緊張、焦慮，有助於大腦醞釀出開放、有創意的思考。

另一方面，將注意力拉回當下的呼吸上，可以讓我們和腦中的想法，保持一段距離，**體驗「想法不等於事實」**。讓我們可以跳開過去的習性，增進對「此時此刻」的覺察。

二 自我照顧

「怎麼樣才能避免遇到恐怖情人呢？」「怎麼樣才能不在感情中受騙？」「怎麼做，才能找到一段適合自己的感情？」

身為心理師，我常會被求助者或媒體問到這一類的問題。有時候因應對方的需求，我們會給出一些條列式明確的答案，像是如何辨識危險的人格特質，或怎麼透過自我了解，找到自己在感情中的盲點。

這些建議是各個專家透過許多案例故事，歸納、分析得到的大原則，不過，實際上，這只能治標而已。因為你也許不會遇到恐怖情人，不會在感情中受騙，甚至找到一個滿適合你的人，但是你在感情中仍然不快樂，也不幸福。**真正能夠在生活裡安適的人，是「懂得自我照顧，勇於自我保護」的人。**

記得那個不覺得自己可愛，所以愛上王子情人的思澄，還有對男友內心世界不好奇，所以被雙面情人蒙在鼓裡的信娟嗎？如果她們懂得自我照顧，常觀照自己內在的感受，習慣面對並照顧自己的需求，而且勇於對讓自己權益受損的人事物說「不」，她們可能可以更早就離開讓自己受傷的感情，甚至一開始就不會被類似的人吸引。

吃大餐、用好東西……並不是照顧自己內在的小孩

隨著心理健康知識的推廣，大家對於「自我照顧」、「照顧自己內在小孩」或「當自己內在的好媽媽」這一類的概念並不陌生，但因為這些心理概念很抽象，常讓人誤以為具體的自我照顧行為，只是吃大餐、用好東西、出去旅行、做自己喜歡做的事情，這類偏屬享樂的行為。

這些「寵自己」的行為，真的能把自己照顧好嗎？

假想你是你自己的父母，同時你也是你自己的小孩，你的內在同時存在父母角色與小孩角色，你需要常常在這兩個角色間轉換思考。

你內在的父母要用心去了解內在的小孩，要知道什麼是對這個小孩真正好的事情，而不只是寵壞他；**你內在的小孩也要多多和內在父母溝通、協商**。

如果父母給的協助不適合你，或給的任務太難，或太少稱讚你，你都要表達出來，讓自己變成一個更自由、更勇敢的小孩，也讓父母有機會變成更溫暖、更有彈性的雙親。

步驟1：時常觀照內心的感受與想法

作為父母，我會在接孩子下課的路上，詢問他今天過得好不好。聆聽孩子，從他自己的角度所描述的一天。作為心理師，我在每次的晤談裡，觀察並聆聽前來求助的人，了解從他的角度，有些什麼經歷。

幫助一個人，成為他自己最好的方法，就是讓他被聆聽、被尊重。

所以，**請試著每天問一問自己今天的感受與想法**。養成**寫心靈日記的習慣，也許是個很好的開始**。「今天和朋友聚餐，你開心嗎？想了些什麼？」「下班前，上司約談，主管說了些話，我聽到什麼訊息？對主管的言語和行為，我有什麼感受或想法？」

每天找出一兩個記憶深刻，或是帶來明顯情緒的事件，探索、整理一下自己的感受和想法。**這些觀察是自我照顧的基礎**。

在反思的過程中，你可能會發現，為了降低內心的不安全感，你花了很多精力把自己改造成別人心目中有吸引力的樣子，這是很虧待自己的生活方式。

如果你總是把對方的期待看得比真實的自己重要，與你相處的人，會習慣你在關係中的配合和努力，將一切視作理所當然。

他們不認識「真實的你」，你也離真實的自己愈來愈遠，導致你在關係中，更加不安。

步驟2：探索，並照顧想壓抑下去的感受

當你養成聆聽自己的習慣時，你就更能覺察自己想壓抑感受的時刻。當你想把心思從「人」的身上，轉到「事物」的時刻，例如：工作時，突然心煩想抽菸或上網聊天、購物。

此時，試著停一下。探索一下，是什麼讓自己不舒服？是因為想到上司、同事或下屬對你的態度？那些帶給你什麼樣的想法或感受，你對他們有不好的評價嗎？或是你覺得他們對你不公平嗎？

嚴厲的內在父母，會希望內在小孩是個乖寶寶。乖寶寶努力求和諧、避衝突，努力完成他人的期待，壓抑自己的感受和想法。

「乖寶寶」的特質，也許讓你做事有效率又完美，表面上一帆風順。但若你總是壓抑或忽視在人際相處時的挫折感受，久而久之，會讓自己外在行為與內在感受矛盾加劇。別人都以為你冷靜自持，連你自己都可能被自己騙，但到了臨界點某一刻，你就突然壓力大爆炸，可能暴怒失控，或尖叫痛哭，同時在衝動下，做出不恰當的決定。

不要逃避這些看來負面的感覺，當你能夠先正視這些感受，你就有機會學習用更健康、更適切的方式處理這些感受。

當情緒調節技巧變得更好，你就不會突然失控，而是**用一種調整過的成熟方式，跟對方表達自己的想法**。

不做乖寶寶，做個有血有淚，但懂得溝通、表達的好孩子，就是自我照顧的方法。

步驟3：練習對他人和對自己說「不」

你的伴侶也許不是恐怖情人，但是你不知道該怎麼對他不適切的要求說「不」。**因**

為你總覺得對別人說「不」，代表關係斷裂。

如果你的內在父母很嚴厲，喜歡內在小孩聽話，不能接受內在小孩有自己的想法，不能忍受被拒絕的挫折，也沒有和人合作的彈性。那麼，你內在的關係藍圖確實是一個「容不下拒絕的關係」。

因此，你需要擴充自己的關係藍圖。**說「不」，不是關係的終止，而是關係的進化。**透過適當的拒絕，對方因此更了解你。你們兩個人可以動用智慧，找出相處上更好的方法，也幫關係注入活水。

從這個角度來看，你壓抑自己的感受，不把拒絕說出口，反而讓關係走入死局。

你要學著在罵自己時喊「停」

對那些你深愛或關心的人，如果你不忍心說「不」，你就是讓他們越界，幫他們承擔了責任。

他們的問題，讓你焦急、掛心。你自己無法解決，但不解決就輾轉難眠。正是因為這些問題不屬於你，這些事情不在你的責任範圍，所以你無計可施，只能承受內心煎熬。

與其繼續在別人的問題與責任上打轉，不如放手，讓彼此成長。我們只有在為自己的困難煩惱的時候，才願意為自己努力，進而有了改變現狀的動機。

人生是一趟無法假手他人的旅程。你跟你愛的人，都必須練習只為自己負責。

有時候，侵害你的權益的人不是別人，而是你自己。當你犯錯時，責備自己最大聲的不是別人，正是自己，甚至很多時候，你已經做得很棒了。不放過你的人，是你自己。

嚴厲的「自我批評」是我們照顧自己最大的敵人。有時候，我們內在的小孩放任內在父母對自己不斷謾罵、接受那些苛刻的評價、承擔那些過分的要求，重演了童年的創傷，塑造出成人之後的不良關係。

你要學著在自己罵自己的時候喊「停」，對自己傷害自己的行為說「不」。作為自己的內在父母，你要教自己，也要保護自己。保護自己免於被他人侵犯，也保護自己免於被自己過分要求。

你要學習給內在小孩犯錯的空間，給他做自己的自由，允許他放鬆自在。你也才能允許自己在關係裡，享受幸福、快樂。

三 向外連結之一：練習不說話

前面我們談了自我調整的四項要點，包括回顧黑暗史、感情史、自我觀察和自我照顧，都是個人向內自我療癒的基本功。

接下來的重點，放在**改善人際關係，我們可以先做三項的自我鍛鍊：練習不說話、建立觀察本、練習說話**。

這些需要你每天在日常人際互動中練習，累積經驗。這三項向外連結的基本功，是我們進入下一章節「打破關係中的負向循環」的基石。

回顧最讓你困擾的人際關係……

回顧最讓你感到困擾的人際關係。請反思自己在那一段的關係中，你是習慣多說話，還是常常說不出話來。

例如，現在你最煩惱的是和母親的關係。你發現自己在母親面前，總是會說一些「不該說」或是「不用說」的話，導致母親藉此批評或控制你。那麼，你應該先從「不說話」開始練習。

反之，如果你在那一段困擾的關係中，常常因為說不出話來，而導致許多痛苦或誤會。那麼，對你來說，後面章節會提到的第三步，「練習說話」才是你的重頭戲。

把「不說話」列在「觀察本」和「說話」之前，是因為不說話是改變的核心。要產生新的人際循環之前，需要做出新反應。產生新反應之前，需要思考，思考需要「停止」舊反應省下來的時間。

實做起來，很多人都會發現，**「停止」是最難的功夫**。

步驟1：在互動中，「停止」回應

你可能會想問，在人際互動中「停止」，到底是什麼意思？畢竟我們沒有超能力可以真的把時間靜止，讓每個人停止動作。如果不是那樣，那麼，具體該怎麼做呢？更好的形容詞，應該是「暫時不回應」。

不回應就是不照自己不假思索的反應去行動，不回應就是不照對方期待的方式行動。**你會發現要停下自己的自動反應，很困難。因為那也許是你目前覺得最有安全感的行動，也就是你的「心理防衛」**。

其次，你也會發現不依照別人的期待行動，非常艱難。此時，你被他人「情緒勒索」的處境被突顯出來，讓你無法忽視，只能面對。

下班前，小蓉的男友打給她說：「我今天大概八點才能下班！」擅長成全別人的小蓉，腦海裡，開始想著晚上的待辦清單，包括去拿他乾洗的西裝外套、幫他去車站取貨、拿他不合腳的鞋子去換，順便去超市採買他後天出差要用的東西。

男友只說了一句話，小蓉對這句話的自動化回應是「在晚餐前，幫男友完成所有的事情」。小蓉在電話裡，也許會跟男友說，也許不會。不管小蓉有沒有針對男友電話裡的那一句話，做言語上的回應。她已經在思考及行動上，做了不假思索的回應。

「我最討厭跑銀行了。排隊空等那麼久，還不如待在電腦前多做一點事。呼！好險，你快畢業了，以後跑銀行就交給親愛的女朋友啦！」

習慣照顧男友的思澄，被男友突然半開玩笑的一席話，驚得腦袋一片空白。

思澄慌張地說：「可是，我已經跟圓圓她們約好一起去考公職，而且下週也有公司約我面試了。」

男友一聽，開始他一貫的裝可憐、耍賴、撒嬌態度，說：「什麼？你要拋下我，自己去上班嗎？少了你，我該怎麼辦……」

思澄對男友的撒嬌式抱怨，完全沒有抵抗力。思澄習慣性地妥協了。

不管是順從自己的習性，或是屈服於情感的壓力，小蓉和思澄都在與伴侶的互動中，做了「自動化的回應」。

停止的重點，並不是當下有沒有回話，而是針對對方的話語或要求，你有沒有給自己時間思考與觀察？還是你太害怕對方的情緒，太害怕自己一個人，所以你不讓自己思考，直接做了反應？

步驟2：「讓我想一想」不等於「拒絕」

不說話只是「停止」的其中一種表現，重點是，不要立刻回應對方。當下，你可以說：「好，我知道了。我會想一想。」或是「嗯，我想一想之後，再跟你說。」

有趣的是，當我在晤談室裡提出這個建議時，很多人反問我：「這樣不會太傷人／太無情／太冷漠嗎？」原來，跟對方說自己需要思考，在你心中是這麼壞的一件事嗎？所以，當對方有自己的想法，沒有立刻回應你，你也是這麼受傷嗎？

當對方說：「我要想一想」時，你是不是很受傷呢？**停下來問自己，你為什麼會覺得受傷呢？**也許你希望對方立即回應你，照顧你的需要，不要讓你忐忑地等待。在你心裡，等待表示拒絕嗎？等待表示對方不想要照顧你嗎？等待表示對方不愛你嗎？

在我們還是嬰兒的時候，照顧者的「立即回應」，對我們來說是攸關生死的事。在等待照顧者回應的時間裡，我們承受著想像與真實的折磨。讓我們肚子餓、感覺冷或不舒服的世界是不安全的世界，某些幼年早已遺忘的創傷，所帶來的不安全感可能深埋心底，讓你難以熬過尚未得到回應前的等待。

客觀的事實是，長大後的你，和你的情人或其他任何人都是值得被尊重的成人。你們像兩個有交集的圓，除了共同交集的部分，還有各自不相交的部分，**當對方說「我要想一想」的時候，你要尊重對方不與你相交的「自我」**。

你之所以為你，是因為你有自我；他之所以為他，也是因為他有自我。當你們都能聆聽自己的聲音，深思熟慮之後做出的決定，必然會更像自己，對關係也更有助益。

你也應該開始練習告訴對方「我需要想一想」，然後傾聽自己的聲音，做出更適合自己，讓關係更有成長的決定。

步驟3：觀察對方和自己，思考更好的回應

每一次，當別人跟你說話時，請把大部分的心力放在認真聆聽。如果你急於做出回應，或是把心思花在斟酌自己的用詞，你就沒有辦法專心聆聽並思考。

當你愈來愈熟練「**停止，觀察，思考，回應**」這一套流程時，其實所花的時間，並沒有你想像的長。

試著假想你的心裡有一張大桌子，將對方的話語放在大桌子上的一半，做整理和歸

類。分析對話中「你接收到哪一些想法和情緒？」「哪一些想法／是來自對方？哪一些屬於你自己？」

而把你自己想做的回應，放在桌子的另一半做檢視，「你最直接的回應是什麼？你為什麼想要這麼回應？」「可以有不同的回應嗎？不同回應帶來的結果，是你不想要的嗎？」

檢視的方法有很多種。只要你能靜下來，把所有的東西放在心靈的大桌子上，你就會自動地整理出許多不同的發現。

你不需要為對方的情緒愧疚，做出妥協

要記得，對方描述的事情是來自於他自己的角度。他的觀點和情緒可能和你不同，你可以被對方感動而選擇做出改變，但你不需要為對方的情緒感到愧疚，因而做出妥協。

因為**失去或放棄你自己**，**並不會換來對方的心靈成長**。

親密關係中，更可貴的是，彼此都能保有自己獨一無二的想法與感受。正因為你們是不一樣的人，所以能豐富彼此的生命。

你要學習尊重每個人都有完整而獨立的心靈，包括你自己。你要學著看重自己對事物的獨特想法與情緒。不論你的想法和情緒與對方是否相同，你都可以選擇讓自己舒服、自在的方式來回應。

四 向外連結之二：建立你的觀察本

當你做到前一章節的功課，能夠在互動中「先不說話，停下來」，那麼，你就為自己爭取到「觀察時間」。

這一小段時間，我們要觀察些什麼呢？哪些練習有助於改善我們的溝通習慣，讓彼此變得更健康呢？

步驟1：建立屬於自己的「見解」

在自我調理、向內連結的部分中，就已經提過自我觀察了，那麼，在向外連結的部分，為什麼又要觀察呢？

自我觀察的重心是自己。主要的方向是釐清主要照顧者和原生家庭經驗對自己的影響，以期慢慢累積對自己真實的認識，有利於增加信心，鞏固自我概念；而這章節提到的觀察，是要個人往外觀察，釐清成長過程中，我們對外界人事物所形成的「錯誤印象」。

從小累積的錯誤印象，不是你自己的觀察，而是來自主要照顧者以及環境所給予的二手資料。不見得真的錯誤，但這些不屬於你，也不見得貼近你當下生活的實際狀況。

你可以從現在開始思考一些常卡住你的議題，逐漸累積你自己的觀察和見解，就能減輕過去經驗帶給你的影響。

在晤談的時候，我常常陪當事人一起探討，像是與權威相處的態度、性別議題、男女分工、獨身或結婚，甚至性愛與死亡等。當事人不需要被我的觀點影響，而是透過討論，讓自己有動機，進行內心的「小型研究」，**形成自己對世界的新觀點**。

這樣的思考工作，從我們青少年時期就開始了，**這是自我認同過程中最重要的工作**。

所以這一章所提到的練習，對於青春期沒有經歷完整自我探索的人來說，格外重要。

步驟2：減輕「權威」濾鏡

建立觀察本時，最重要的，就是練習保持客觀。透過貼近現實的觀察，重新建立自己對人、事、物的觀點。

在我的晤談經驗中，有兩種習慣會像濾鏡一樣影響我們對外界的觀察：一個是「權威」濾鏡，另一個是「自我中心」濾鏡。

權威濾鏡是什麼呢？簡言之，就是「爸媽說的都對」。當我們還小，需要仰賴主要照顧者時，照顧者在生理與心理上對我們都有極大影響力，所以我們會吸納他們的觀點，來形成自己的知識架構。

這些到了有抽象思考能力的青春期，應該發生一場腦內革命，來過濾掉那些我們本性不相合，或是與社會時代脫節的概念。

有些人在青春期沒有機會這麼做，或者是做得不完整。成年後，我們可以繼續為自己汰舊換新，**建立起自己的世界觀，讓自我逐漸強大到足以和內在的權威抗衡**。

不自覺吸納父親的態度與觀點

受權威影響又可分為兩方面，一個是對權威者本身的印象，另一個則是權威者所傳遞的概念。前者會影響我們未來與權威者的互動方式，後者則形成我們的成見和習性。

舉書文為例，他在強勢父親的陰影下長大，和父親互動所累積的經驗是「不要讓權威者生氣，否則吃虧的是你」、「權威者不會想知道你的意見」、「權威者說的都是對的，反駁他，會得到懲罰」。所以書文一貫用盲目順從或消極逃避的態度，面對長輩或上司。

書文很少提出和父母、師長相反的意見，他也很少思考如何說服有權力者照自己的方式做。書文不太理解什麼叫做批判性思考，甚至在權威者面前，表現得很像社交畏懼患者。

和權威互動時，書文以「順從」來保護自己，他吸納了父親的態度與觀點，諸如：父親認為「強勢果決才是男子氣概」、「退讓是輸家或女人才做的事」、「你必須要贏，才有價值」等觀念，這些形成書文的自我概念和性別概念。不知道大家讀到這裡，有沒有發現書文受父親影響，將會產生怎樣的內在矛盾呢？

書文與父親互動，必須用退讓避免衝突，否則父子疏離且家庭可能失和。但是父親認為書文又必須要強勢、要贏，才像男人，因此書文就會陷入「我在權威面前，無法做個男人」這樣的思考誤區。

長久下來，書文的自信心低落，他更常懷疑自己是不是能成為一個成功的男人。

從別人的角度觀察，找到與權威者互動的方式

在書文的自我療癒過程中，他必須要完成的任務是脫離父親的陰影，找到屬於自己與權威者互動的方式，以及想辦法跳脫父親傳遞給自己的思考謬誤。

書文應該建立哪一些「觀察本」呢？除了父親之外，在書文的生命中，還有哪些是值得自己敬重、愛戴的長輩或前輩呢？例如學生時代很賞識書文的國文老師，那麼，這位國文老師是怎麼樣的人呢？他喜歡怎麼跟晚輩互動？若讓書文反觀自己，他和哪一類的權威者相處比較愉快呢？

下面兩段是書文可能的自我觀察。

父親：為人強勢又主觀，喜歡別人重視自己，嚴肅、缺乏幽默感，喜歡晚輩正經地

與自己互動，不喜歡別人提與自己不一樣的想法。

我跟父親這類人相處容易緊張，一方面怕自己出錯，被輕視；另一方面，也怕表現出真實的想法，兩人會起衝突。

國文老師：為人堅定但溫和，喜歡聆聽別人的想法，認為這樣可以增進自己的學習，很願意提攜晚輩，不吝於肯定學生的優點。

我和老師這類人相處起來比較輕鬆，不害怕被評價，比較能展現自己的想法，而且不用擔心突然被攻擊。

上面兩段是書文「轉換視角」之後，對父親、老師及自己的觀察。

當書文觀察父親時，不把自己當成父親的兒子，而是試著從別人的角度觀察父親，例如：「如果父親是我的同事、朋友、鄰居、伴侶的話，我會覺得他是個怎樣的人？」然後綜合數個角度對父親的觀察，做一個觀察總結。

這樣的觀察就能幫助書文用更客觀的角度看父親，降低父子關係在他心裡造成的權威陰影。

接下來，書文可以繼續觀察生活中其他的權威者。多方對照下，可以看清楚自己面對不同特質的權威者時的反應。

除了更了解自己，書文也可以逐步生成屬於自己的觀念，擺脫過往從權威者那裡所吸取的思考誤區。

經歷過這些觀察和歸納，最終，書文會發現每個人作為權威者時，他們所推崇的好都不一樣。不是只有父親認定的那種人，才是男人。值得尊敬的好人和男人典範，有許多類型。

書文可以自由地擁有自己的想法和樣貌，總會有人懂得喜愛和欣賞。

步驟3：降低「自我中心」濾鏡

很多時候，**我們不假思索做出「自我中心」的反應。以為自己所想就是他人所想**。這樣的反應，其實深受過去經驗和個人當下的情緒所影響。

若能養成習慣，在心裡建立對他人的觀察本。在做反應之前，先參照觀察本，就能夠幫助自己降低自我中心濾鏡，減少人際溝通上的誤差。

增進溝通技巧是許多人前來晤談的原因，在不同人際脈絡下，「我該怎麼回話？」是大家常在晤談時問的問題。

良好的溝通，從照顧對方感受開始

我發現溝通技巧卡關的人，在思考這個問題時，通常只針對「問題的表面」做「自我中心」式的回應。

舉例來說，當你的主管開完高層管理會議，面色陰鬱地問你：「下個月的活動，準備得怎麼樣了？」很多直腸子的員工，想也不想就回答「實際狀況」，甚至有人本來就想找機會，與主管討論工作分配不合理的事，希望主管能加派人力，分擔自己的工作量，所以當主管主動問自己時，他就不假思索地開始照自己原本的計畫回應了。結果不但得不到主管支持，還反被責備，甚至安排更多任務。

以自己的實際狀況，回應對方的問題，並沒有錯。想在對談中，爭取自己的權益，也沒有錯。但若要能夠在溝通中，達到彼此的目的，那麼，先了解對方的溝通特性，並照顧到對方的感受與想法，才能事半功倍。

先觀察、關心對方，再進行溝通

能夠引發良性互動循環的溝通是「關注他人」。你需要把對此人的觀察，加進你的答題資料庫裡。

包括從過去的互動經驗中，你所觀察到主管的個性與喜好是什麼，以及透過面部表情及語氣，你判斷主管當下的情緒狀態如何，用這兩項指標，調整自己回答時的措詞及優先順序，然後再把自己在此處境中的個人需求，加進回話的內容裡。

所以當主管開完會出來後，面色陰鬱地說：「下個月的活動，準備得怎麼樣了？」你需要在腦海裡調出一些事實觀察，包含過去上司開完會後，與你的互動經驗、公司與主管近期關心的工作內容、主管這幾天的情緒狀態、當下的面部表情跟氛圍表示什麼。

這一類的客觀訊息，可以幫助你做出對情境的假設，然後選取適當的回應。

如果你的主管是可以接受關心的人，那麼，先對主管剛才在會議中可能遭受的壓力表示關切，也許是個好主意。「剛剛會議怎麼了嗎？有什麼不好的事情發生嗎？」

如果主管的心裡有許多的挫折待抒發，你的關懷，可以讓他有個表達的出口，而等主管說完，你再對活動進度進行討論時，也就不容易遷怒。

反之，如果你的主管不喜歡示弱，不習慣被關懷，偏好直接解決問題。你就需要針對主管的思路，簡短地報告活動進度，而不是按照自己的需要來報告進度。因為接下來的對話裡，主管所關心的是他如何解決自己的問題。而你與主管合作的方式，將會是你如何幫助他解決問題。

不管是關心主管的情緒，或是協助主管解決問題，都能減輕主管的壓力，此時，主管才有心力回應你在工作上的需要。如此一來，就能促進良性的雙向溝通。

如果你只能從自己的觀點看事情，而且只在乎自己的需要，那麼，就無法客觀了解事件全貌，以及溝通對象本身的特質與相關細節，可能導致誤判情境，或疏於照顧溝通對象，讓整個對話往不利的方向發展。

所以，持續練習降低「自我中心」濾鏡對自己的影響，就能讓你的回應更貼近現實，也能讓你與他人有更多良好的互動。

五　向外連結之三：用新的方式說話；練習「說話」

有時候，人們選擇不說話，是因為「無法拒絕」。因為不知道如何在對話時，保護自己，不懂得如何避免他人帶給自己的不利影響，那不如不說話，所以**練習如何「用話語建立界線」**，**就是健康溝通的第一步**。

在溝通中，能**建立起良好的人我界線後，才有餘裕思考，怎麼透過說話來表達「自己真正的意思」**。而不再只是單純受過去的經驗影響，或順應他人的需求作答，是真正在溝通中做自己。

步驟1：用「說話」劃出「界線」

總是和憤怒情人交往的孟喬，被男友罵到抬不起頭是家常便飯。孟喬在戀愛中陷得愈深，憂鬱狀況就愈嚴重。

到底愛生氣的男友，是如何透過溝通影響孟喬呢？

當男友說：「你明知道我加班回到家很晚了，你難道不能體貼一點，多為我想嗎？準備一點吃的，是有多難？你到底是能力差，還是不在乎我？」

孟喬一開始聽到男友的指責，覺得自己被罵得莫名其妙。她心裡有一絲委屈，直覺替自己辯駁：「我不是故意的。我沒有不在乎你。」

聽了孟喬為自己辯白的話，男友不但沒有因了解而停止，反而更得寸進尺地繼續批評她：「不是故意的？你總是為自己的無能找理由。拜託你，可不可以細心一點？下次不要再讓我為這種雞毛蒜皮的事搞壞心情了。」

孟喬心裡的罩門，被男友的一席話敲中——「我是無能的」。對，以前爸媽也這麼說我。你看，我的老毛病又犯了。

自信心被打擊的孟喬就認同了男友的話。孟喬認為自己應該符合男友的期待，因為自己沒有照顧好男友而感到愧疚，然後自動接下了以後要幫男友包辦晚餐的義務。

兩個人的界線就在日復一日這樣的對話裡，不斷擠壓孟喬的權益，無限擴張男友在關係裡的地盤。

選了一個好強、好競爭的伴侶，自己也很愛和伴侶競爭的心悅，她與先生溝通上最大的問題，就是兩個人很容易在對話時較勁起來，然後就各自變得盲目，喪失理智判斷力，降低做事效率。

當身為公司負責人的丈夫說：「你早上為什麼要教助理這樣回信？你不知道這樣回，客戶會更生氣嗎？」

心悅被激起競爭心時，就會回：「你最棒。你來教呀？每次助理求助的時候，你人在哪裡？你有理她嗎？我幫你，你還對我生氣。」

然後兩個人的吵架重心就變成誰對公司付出多，互相人身攻擊，而不是把重點放在好好溝通，如何處理這次與客戶間的糾紛事件。

她們內在都有「自我認同的議題」

從孟喬及心悅和伴侶溝通的例子，可以看到兩個重點。

第一個共同點，是她們兩人的內在都有「自我認同的議題」。孟喬因為自小被父母貶低的經驗，缺乏自信，而心悅習於用競爭的方式，取得他人的關注與愛，所以她們都亟需伴侶認同，因此很容易因為對方溝通時的攻擊言語，而生出不平、愧疚、罪惡、喪失自我感等負面情緒。

因著溝通而產生的負面情緒，她們第二個共同點就是「辯駁或澄清式的回應」。這樣的回應就像字面上的意思。回應的重點是根據對方的上一句話，想反駁、澄清裡面的內容，帶著強烈，想要改變對方內心想法的意圖，而**「改變對方的意圖」，就是讓對方可以強烈影響自己的「鑰匙」**。

國外知名諮商師兼作家蘇珊・佛沃，在所著的《母愛創傷》一書中，描述了數種有傷害性的母女關係。在自我療癒的內容裡，她提到「非防禦性溝通」的練習。她教導那些過分受母親影響的女性，練習用不同的方式回應母親，以藉此中斷親子間的負向溝通。更多的例子可以參考該書。

在對話中，不要辯駁

最大的重點就是「非防禦」，意即在對話中，不要企圖辯駁。任何辯白都會讓你接下來的話，跟著對方上一句的重點走。當思緒整個圍繞在「如何改變對方對我的想法」時，你過去因溝通創傷而來的負面情緒就會升起，增強了對方對你的影響力，減弱了你的自信心和人我界線。

舉例來說，當男友說：「你明知道我加班回到家很晚了，你難道不能體貼一點，多為我想嗎？準備一點吃的，是有多難？你到底是能力差，還是不在乎我？」孟喬可以簡單地說：「我知道了。」也可以回應：「你為你的工作付出，加班是你的選擇。」

如果男友後來的態度良好，或是孟喬思考過後，願意多為男友付出一點，孟喬可以繼續說：「你現在肚子餓了，我們可以做些什麼？叫外賣嗎？」

不論如何，這樣的回應都是孟喬心甘情願的選擇，而不是被罵到愧疚、心虛，而被迫犧牲。

很多人，包括孟喬本人，可能都覺得這樣的回應，是不是少了什麼，或者會不會太無情了？

其實，**非防禦性溝通式的回答有很多種。重點是千萬不要根據男友話中訊息做回應，**例如：「我能力差嗎？我不在乎自己的男友嗎？我為什麼不幫他準備吃的？我是一個不夠體貼的女友？」如果繞進這一類的邏輯裡，你的思考就被男友帶跑了，然後開啟一輪負向溝通的循環。

客觀的事實是「男友加班，肚子很餓」，但孟喬的憤怒男友想要傳遞給她的內在訊息是：「我加班，你還不照顧我，我很可憐。」男友把自己描述成受害者，試圖把孟喬推往加害者的位置。

只要孟喬**學習用新的方式說話，不再防禦、不再辯解、不追求改變對方的想法**，孟喬就可以拒絕坐上男友想要她坐的位置。

以「非防禦性溝通」回應，不被對方牽著走

而心悅的例子，當丈夫說：「你早上為什麼要教助理這樣回信？你不知道這樣回，客戶會更生氣嗎？」心悅可以先以非防禦性溝通的方式回應，例如：「我聽到你的意見了。」「你可以有自己的想法。」之類的語句，也許可以爭取多一點彼此思考的空間。

剛開始練習非防禦性溝通時，會覺得很不習慣。因為大部分的回應都會讓對方無法繼續剛才的對話，其實正因為如此，才能達到「爭取對話空白時的思考時間，阻斷舊

回應，用新回應打破溝通循環，不被對方牽著鼻子走」的目的。

例如，當心悅利用空檔，覺察到自己或者先生的競爭意識，發現自己很想立刻回應：「我做得不好，但你做得有比我好嗎？」「你覺得我很差……」「你總是看不到我的付出」之類的話語。心悅清楚知道如果這麼回，就開啟了兩人的競爭。

但在覺察後，心悅選擇將彼此的溝通重點放回「平等、互相尊重地一起處理客戶糾紛」上，她就可以回應丈夫：「我們要不要聽聽彼此的想法？也許可以找出更好的解決方向。」這樣的新回應，就可以開啟好的溝通循環。

步驟2：「說」出自己真正的心意

當我們學會在關係中，用「說話」來鞏固人我界線，有能力守護自己在溝通時的個人權益之後，下一個進階的功課就是「在溝通中做自己」，也就是在與人互動時，能自在地說出自己真正的心意。

我們常常都覺得自己有說出真正的心意，但卻沒有發現說出來的話，可能為了在關係中拉開自己和對方的距離，就像被情人覺得冷漠的簡甄，她常對男友說：「我們可以不要每天通電話嗎？我要工作、要學習，也要休息，我沒有時間一直跟你講電話！」乍聽之下，也許你會認為簡甄這樣是「很直接地表達自己的想法」，簡甄自己可能也這麼想。

實際上，簡甄覺得兩人的感情發展太快，驟升的親密感讓她很焦慮。

為什麼難以說出心裡真實的感受？

在晤談室裡，簡甄對我說：「他好像不只把我當女朋友，更像家人。他習慣跟我報備，生活上，很多事都要問我意見。我問朋友，大家都說這樣很好，好像只有我很怪。我其實覺得他這樣讓我很不習慣。」

簡甄沒有辦法在溝通中告訴男友自己真實的感受，也就是她對於感情現狀的擔憂與害怕。她說出的話只是推開男友，讓男友感到「被拒絕」。

「你覺得他現在對你的方式讓你不舒服，那你知道自己希望你們怎麼互動嗎？」我反問簡甄。

她說：「就跟之前當朋友一樣吧？可以比朋友多一點。畢竟他對我來說是特別重要的人，只是他對我的態度好像立刻要跟我結婚，我覺得我還沒有準備好，可是又不知道該怎麼告訴他。」

我說：「你很清楚地告訴我你的想法，我覺得更了解你了。也許你也應該這樣跟他說。」

有趣的是，很多人都能對心理師侃侃而談，自在地講出自己的想法，然後發現原來自己是這麼想的啊！原來也可以這樣講呀！這種**在對話中發現自我的經驗，是心理治療能夠發揮療效的一大原因**。

在治療中，我們用心醞釀出的自我接納的氛圍，讓每一個人的自我能夠在治療環境與互動中，逐步呈現。

被指責、被否定，是無效的溝通

相對於簡甄習慣用說話隔離對方，還有一些人習慣給別人建議，這類的人也常自認為很直率、很做自己。

青蓮來晤談室聊自己與母親間的糾結。她提到自己常與媽媽吵架的幾個例子，例如媽媽吃來路不明的仙丹、買廉價的家具、相信小診所比大醫院好、習慣用隔夜油等，青蓮覺得都是母親太固執的錯。但換個角度來看，青蓮與媽媽對話時，總是覺得自己的意見是對的；給媽媽的建議，都是為了改變她。

青蓮的好友很後悔在母親意外身亡之前，她們還在冷戰，沒有和好。母親已經老了，青蓮害怕自己浪費了母女間最後的時光。青蓮內心深處希望自己與母親能夠有親密的互動。她不想每次都對媽媽那麼兇，可是她就是忍不住，而且也覺得自己對母親說的話都是為她好。但試問誰在被指責、被否定、不被理解時，會覺得愉快並欣然接受呢？難怪母女關係好不起來。

青蓮對母親說的那些話，是她真正的心意嗎？「媽，你不要老是吃那些來路不明的藥！」「媽，用過的油煮菜很不健康耶！」「為什麼都要買那些偷工減料的東西呢？又不是沒錢！」這些話都略帶攻擊性，而且沒有直接表達出一個女兒對母親的關心和疼惜。

練習「退後幾步」說話的藝術

在晤談中，我與青蓮練習「退後幾步」說話的藝術。

因為在討論母女吵架的歷程中，青蓮覺察到自己一開始脫口而出的話語，中間常省略很多步驟。她常常只關注表面的事實，直接說出自己的建議，卻忽略母親會這麼做的前因後果，也沒提到自己的初衷。

相愛的人對彼此的初衷都是希望對方快樂，可是**我們常常一味地「為他好」，忽略了只有被接納「做自己」，人才會快樂**。

對母親來說，什麼是真正的好呢？青蓮需要退後幾步，先用「詢問」，了解母親心裡想要的好。了解母親行為背後的用意，也想一想自己的本意。她可能就會找出和母親互動的新方法。

也許青蓮可以這麼說：「媽，如果小診所一直看不好，那我們就試試看去大醫院，好不好？」「我知道你節儉顧家，這樣很好，但我們還是多看看其他家具，說不定可以找到實惠又耐用的，或許不用常換，更省呢！」

而有些習慣用說的改不了，青蓮乾脆直接帶健康的油，做菜給媽媽吃，久了，媽媽可能就願意嘗試不同的方式。

說出自己真正的心意，不只是直接說出自己所想，而是要思考怎麼說，才能真正表達出自己的心意。

很多時候，必須仰賴我們對自己了解得更多一點、更深一點，才有辦法做到。

輯三

關係藍圖

——擺脫「受害者／加害者／拯救者」三種角色，往自知、自尊、自愛前進

代代相傳的關係藍圖

幾乎**每個人都知道原生家庭的經驗會影響一個人成人後的生活**。有些人不贊同這個看法，是因為他們覺得自己一點都不像父母。有些人認同這個觀點，但可能只是抱著很直觀，甚至表淺的認識。

例如暴力的父親會生出暴力的兒子；父母婚姻不愉快，那麼小孩也會缺少建立和諧婚姻的特質；如果父親曾經傷害過你，你會無法和與父親長相或個性相似的人相處，或是人們傾向找像自己母親或父親一樣個性的伴侶等，這些簡單的因果推論，似乎都支持原生家庭經驗對成年後人生的影響，但這些解釋都只有部分真實，少了很重要的精髓。

我們與生命早年幾個重要人物的互動經驗，被我們的心智吸納進來的，不只有長相、特質、行事作風或事件內容，當時整個互動的故事架構與氛圍都會留在我們心裡，對未來

的人生故事帶來影響。

步驟1：「受害者／加害者／拯救者」三角的關係藍圖

舉例來說，東方家庭常常有一個受盡委屈的憂鬱母親，她習慣以受害者自居。

如果這樣的母親是你幼年時的主要照顧者，那麼，在你與母親的關係裡，你可能會被當成拯救者（圖一A模式），也可能會被當成加害者（圖一B模式），端看母親與第三人的關係如何。第三人可能是你的爸爸，可能是你的手足，也可能是其他相關的人。

圖一

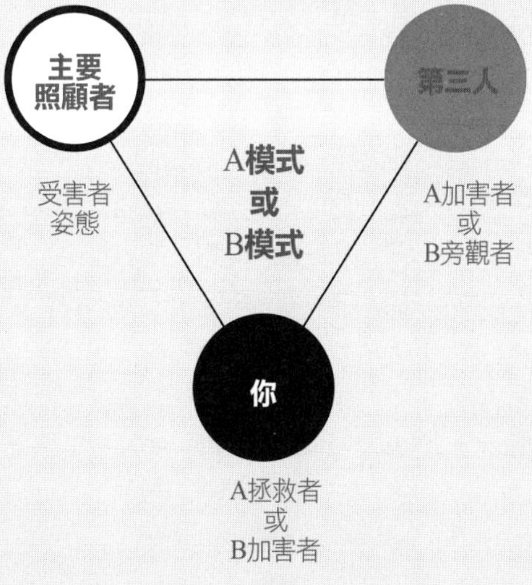

主要照顧者
受害者姿態
第三人
A加害者
或
B旁觀者
A模式
或
B模式
你
A拯救者
或
B加害者

在不同的關係組合裡，你被母親安排的角色會不同。以A模式為例，母親對父親有許多埋怨。夫妻吵架時，母親把父親當成加害者。母親可能會對你說：「世界上只有你是屬於我的，只有你最愛我。」

此時，你就像是母親人生中的拯救者。

孩子成為親職小孩，或父母的心靈伴侶

當孩子被雙親分配成拯救者的角色，就無法繼續被當成「孩子」，會被賦予超乎孩子應該承受的權利和責任。

有人接收到的責任是代替脆弱的母親照顧弟妹，久了，就演變成親職小孩。有人的責任是代替缺席的父親陪伴母親，之後就變成媽媽的心靈伴侶。

若你無法承擔起母親對拯救者的期待與依賴，你可能會被當成加害者，轉成B模式。

這時，母親會對你說：「都是你害我這麼辛苦。我為了你，才不跟你爸離婚，你還不聽話！」有的父親像個旁觀者，不會居中協調，而是冷眼旁觀你與母親間有害的親子關係。

同樣是「受害／加害／拯救」的三角，因為家庭成員組成不同，會變化出各種不同的關係藍圖。

例如一樣有個以受害者自居的媽媽，有些孩子的特質比較容易被當成拯救者，而另外一些孩子比較常被當成加害者。母子關係之外的第三者，像是父親或手足的角色，也會因為個性不同，而做出不同回應。

對每個人抱持敵意，在職場上順從權威

圖二是A和B模式長大後的關係藍圖。圖一中的孩子會內化進某種三角互動模式，日後，**他和「所愛之人」的關係，總是會陷入「可憐／無法平等」的劇情中**，而他看待關係第三人的角度，也會有特定模式。

圖二

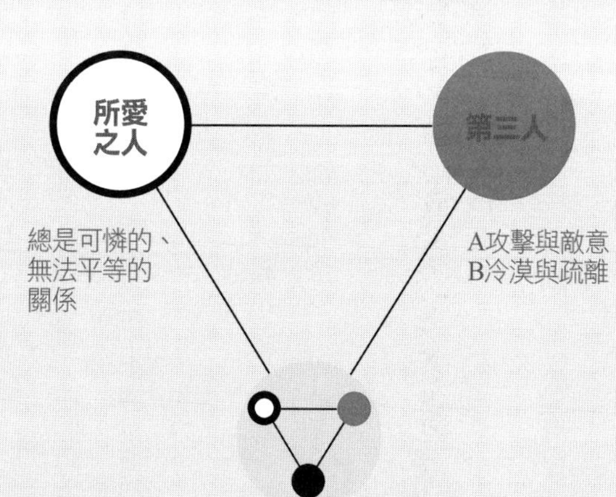

A模式的孩子從小被當成拯救者，習慣把第三人當成帶有「攻擊和敵意」的加害者；B模式的孩子常被當成加害者，會習慣把第三人當成「冷漠和疏離」的旁觀者。

舉例來說，有A模式關係藍圖的人在職場上，可能會習慣把「上司／權威者／所愛之人／所重視之人」看成受害者，把自己當成拯救者。

常覺得自己對上司最忠心或最重要，而其他同事或客戶都可能是加害者。他們會占主管便宜，甚至背叛主管。所以他對每個人都抱持敵意，成為一個在職場上容易盲目順從權威，且難以和別人合作的人。

在感情關係裡，A模式的人習慣把自己當拯救者，就像綠葉情人裡的小蓉，或媽寶情人裡的思澄。她們在互動中過度付出和容忍，漸漸把情人養成加害者，或是直接吸引來那些喜歡接受照顧的情人，讓自己成了關係裡的受害者。

習慣背黑鍋／疏離的局外人

關係藍圖為B模式的人，自小被當成加害者，習慣背黑鍋，常會覺得自己被上司誤解，認為其他人只會旁觀，不會幫助自己，所以儘管內心覺得不公平，但又因為缺乏對他人的信任，無法透過溝通和合作，找出改變處境的有效方法。

在職場上被人看成有被害妄想，只會抱怨，缺乏行動力的人。

B關係模式的人小時被當成加害者，因為他們無法相信關係中的其他人。日後在感情關係裡的一種可能是成為疏離的局外人，難以建立親密關係，像冰箱情人裡的箇甄，從小覺得身為小孩的自己是父母的拖油瓶，長大成為一個獨立、不需要仰賴別人的女性，與情人之間，總有難以跨越的距離。

擁有B模式關係藍圖的人，可能有另一種發展的方向，那就是打從心底被他人所安排的角色同化，也就是說他真的把自己當成加害者，認定自己就是個壞人，就好比某些「慈母配不孝子」的劇情。

如果慈母本身有很深的受害者情結，即便孩子努力做出不同於不孝子設定的行為，受害情結嚴重的母親也看不見。那麼，被她養育的孩子當然只能當個「能讓母親不斷付出、持續受苦」的不孝子了。

步驟2：「代罪羔羊」和「局外人」的關係藍圖

除了被當成「拯救者」的親職小孩，及被看作「加害者」的罪魁禍首者兩種角色之外，還有另外兩種角色。

當所愛之人和第三者同盟起來，把兩人關係或整個家族的問題與壓力，丟到孩子身上，孩子就成了「代罪羔羊」（圖三）。他會被看成所有問題的中心，成為父母共同的敵人。**「代罪羔羊」的角色可以緩和父母關係。當孩子出狀況或生病，每個家庭成員就可以藉此把焦點放在他身上，逃避面對自己的問題。**

所愛的人和第三人組成同盟，一起把

圖三
代罪羔羊

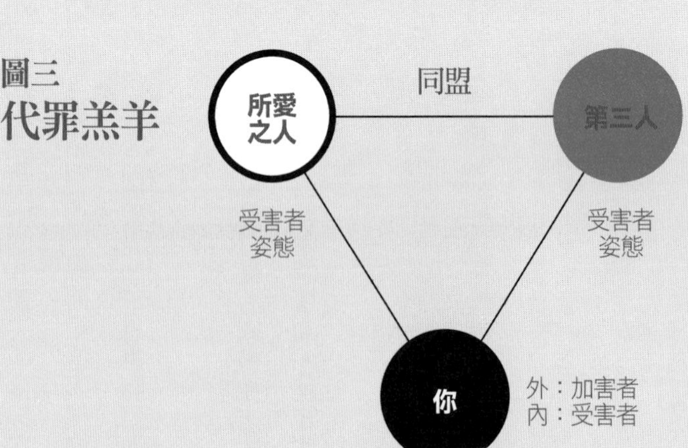

「代罪羔羊」當成加害者，但背黑鍋的當事人的內在，覺得自己才是被整個關係迫害的受害者。

代罪羔羊日後的關係藍圖，常常是孤獨、被誤解、充滿被迫害感，是非常需要療癒與重建的內在藍圖。

被家庭成員無視的「局外人」

被所愛之人和第三者的同盟所無視的人，會形成「局外人」關係藍圖（圖四）。他們無法和任何一個家庭成員結盟，被迫當一個「旁觀者」。比起被當成嫁禍對象而成為焦點的代罪羔羊，這個被家庭成員聯合起來無視的「局外人」，也是非常辛苦的角色。

圖四
局外人

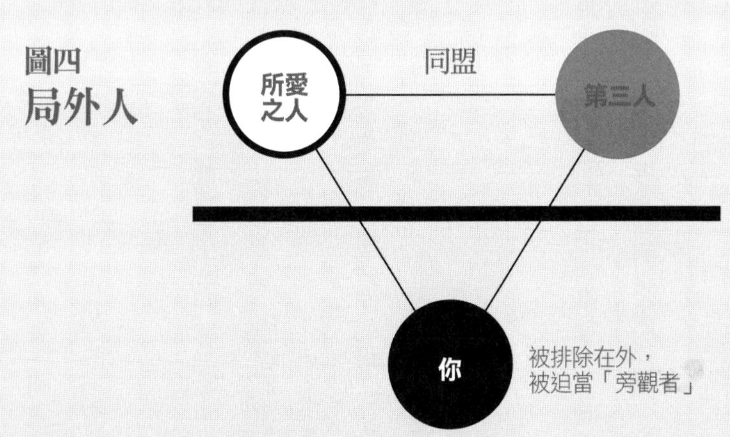

有的局外人其實只是比較溫和的代罪羔羊，就像是有些故事裡，父母雙方談離婚，兩個人都不管夾在中間的孩子。雖然看起來是「不管」，其實是如果要面對共同生養的孩子，就需要面對兩人婚姻的失敗，也要和對方繼續有聯繫，以負起照顧孩子的責任，所以雙方都逃避面對這個孩子。

這個被無視的孩子變成兩個家庭中的局外人，同時是親生父母關係底下的代罪羔羊。

被當成「代罪羔羊」的人，可以說是B模式的加成版。他不僅被當成一個人的加害者，也承擔整個家庭的加害者的角色。

因為受「同盟」所害，所以不但對人缺乏信任，對人與人之間各種合作或親密互動有先入為主的成見，致使他與人建立關係，困難度更高。

局外人大多數變得十分擅長「競爭」

「局外人」模式最核心的議題是「被排除在外」。他們長期以來都會有「不被需要」的感覺。為了適應早年環境這種不被接納的創傷，**他們大多數會變得十分擅長「競爭」**。致力於讓自己變更好，很在意和他人比較，也非常在意群體中權威者對自己的評價。例如前面章節提到愛和先生競爭的心悅，她就是局外人模式的典型代表。

也有些局外人走**另一個極端，接受自己是個「小透明」**。在任何關係裡都呈現被動，不伸張自己的權益，也不敢去愛其所愛。

例如點心情人裡的巧芸，明明心有疑惑，卻不敢詢問對方不和自己約會的其他時間都在做什麼。不敢正正當當地要求對方，應該把自己當成正牌女朋友。好像在她心裡，自己不是該坐女朋友位置的人。

步驟3：重寫關係藍圖

不管是受害者三角，或代罪羔羊與局外人這兩大類的人際關係藍圖，都不是人際關係唯一的形式，關係還可以從不同的角度和元素，區分出更多種類型。

在個別的晤談中，**透過次次累積下來的自我分析，每一個人都可以慢慢發現自己獨特的人際關係藍圖，不會是單一種模式可以概括和解釋的**。

我常會帶領個案去看自己在關係裡，習慣怎麼看待關係中的其他人，習慣怎麼與別人結盟。從這兩個角度，歸納出「受害者三角」與「局外人」兩大類型的關係藍圖。

追根究柢，是為了幫助每一個人可以了解自己腦海裡對關係的內在假設。

下一個章節，我們試著用前面提到的各式各樣感情故事，試著幫主人翁想一想，他們可能的內在關係藍圖。運用這些感情做例子，一起找出調整關係藍圖的方法。

人際互動篇：三角關係

破解競爭篇

進行心理療癒時，一定會探索早年經驗帶給當事人的影響。這時，大家就會問：「我知道過去這些事對我的影響了，那又怎麼樣呢？都已經過去了，我能改變什麼？」

如果你心中浮出這類的疑惑，一方面反映出在療癒過程中，覺察力提高帶給你不小的挫折與壓力。

不僅覺察，還需改變

當我們用全新的角度看待過去的創傷，會破解舊的魔咒，同時也可能帶來新的無力感。

例如：以前你只是一味地責怪母親沒有好好照顧你，後來你理解到母親可能也是心理生病的人。這樣的同理和覺察，讓你告別「受害者心態」，帶來一種對「代代相傳陰影」的絕望感。

「重新看待過去發生什麼事」與「現在可以做什麼改變」是同等重要的問題。在心理治療中，通常會兩個方向並行。當覺察力提升，改變會更容易，也愈深刻。當改變卡住時，就要回過頭繼續覺察尚未處理的議題。

光覺察，不改變，會讓人持續處於挫折狀態，而光改變，不覺察，所做的努力可能只是原地打轉。

本篇將介紹在晤談中我常用的方法，藉由「三角關係圖」幫助你覺察自己在人際關係中的模式。從圖中找出在關係中應該守住的「界線X」，以及需要培養灌溉的「方向〇」。

這個方式可以直接套在你現在的人際困擾中，幫助你做調整，同時也可以套回你的原生家庭裡，找出早年你所熟悉的三角關係模式，幫助你加深過去與現在之間的覺察。

步驟1：練習找出「三角關係」

三角關係的基本架構，如圖一。有一角是你自己，有一角是「重要他人」，剩下的一角是「對方」。**重要他人就是該人際脈絡裡你最重視的人、你最想得到該人的認同，或對你影響最大的人。**

圖一

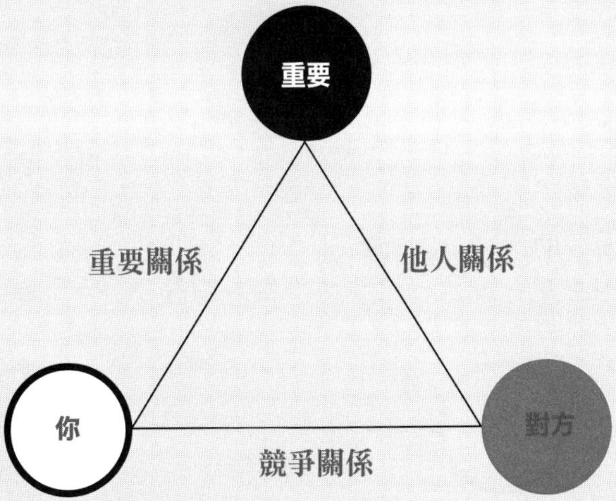

重要
重要關係
他人關係
你
對方
競爭關係

舉例來說：在職場人際關係裡，如果你的困擾是「我卡在這個職位無法升遷」，那麼，能決定你升遷與否的人就是這個脈絡裡的重要他人，應該是直接決定你的考績或升遷的「主管」。

而「對方」就是任何會影響你與主管關係的人。對方可能會影響你的表現，或者是影響主管對你的評價。可能是你的同事、你的組長，或是其他部門的主管，抑或更高層的主管。見圖二。

你會發現很多時候，你更容易辨認的是「對方」，也就是關係裡的競爭對手，因為你對這個人最有負面情

圖二

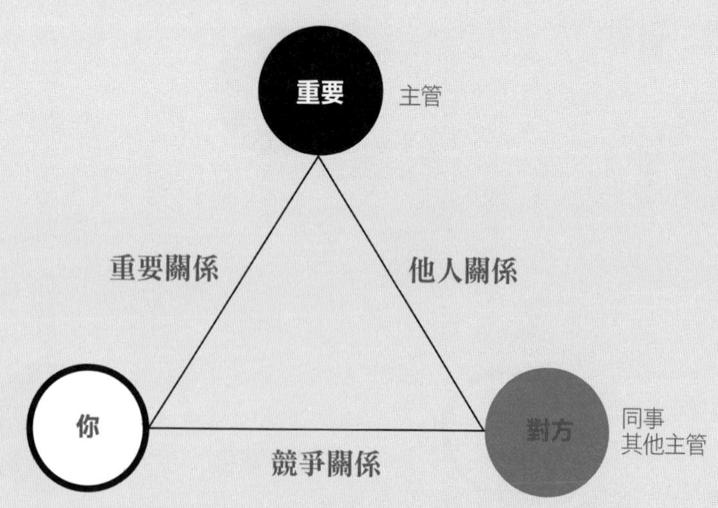

緒。

表面看來，你們的關係最為緊張。如果你是業務，對方可能是另一個與你實力或資歷相當的業務。你可能一直把焦點放在與對方的競爭上，忽略了你們競爭的對象，也就是該人際脈絡裡的「重要他人」。

從升遷或加薪的考量，重要他人可能是主管；從業績考量，重要他人可能是大客戶。

親密關係裡的重要他人

上述的例子都是職場關係。若以親密關係為例，例如競爭情人裡的心悅和先生，當伴侶為自己準備早餐時，他們脫口而出的不是稱讚或感謝，而是不滿或抱怨。

如果探究話語背後的想法，當一方說：「老吃一樣的，都吃膩了。」或是「你都不知道我喜歡吃什麼。」心裡很可能是把對方的行為拿來和某個人做比較，例如：前女／男友都知道我喜歡吃什麼，或是你都會注意你的父母／員工喜歡什麼，卻不知道我喜歡什麼，你都願意為誰誰付出那麼多，卻對我付出那麼少。

當心悅心裡這麼想時，就是把先生放在「重要的人」的位置，然後把自己拿來與先生其他關係中的人做比較，如圖三。

有時候競爭對方是員工，有時是前女友，甚至是先生的父母或親人。心悅真正的不滿是「你對別人比對我好」。引發她有這樣想法的，可能不是一頓早餐，而是之前公司或生活上發生的事件。

在親密關係中，我們常會把伴侶放在「重要的人」的位置，然後把自己拿來和伴侶其他人際關係中的人做比較。好像透過這樣的比較，可以確認伴侶心中最愛的或最重要的是不是自己。

另外一些時候，我們可能把伴侶放在「對方」這個位置，然後不自覺地和伴侶競爭，例如：在雙方父母、員工或客

圖三

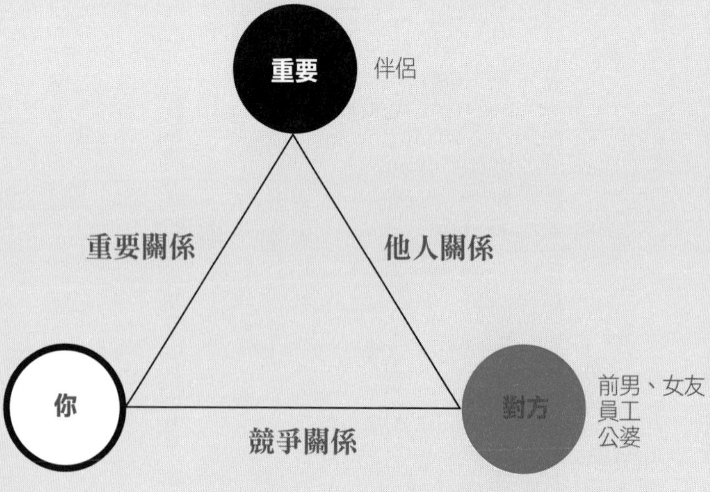

重要
伴侶
重要關係
他人關係
你
對方
前男、女友
員工
公婆
競爭關係

戶面前，和自己的先生競爭他們的關注和評價，見圖四。

步驟2：探究原生家庭關係帶來的影響

在原生家庭的關係圖中，「重要的人」的位置通常是指主要照顧者，而任何會影響主要照顧者與你的關係的第三人就是「對方」。

如果媽媽是主要照顧者，那麼，爸爸有時候就是第三人。在有手足的家庭裡，手足就是第三人。在其他不同組合的家庭關係裡，如果小時候是在祖父母家長大，奶奶是主要照顧者，那麼同住

圖四

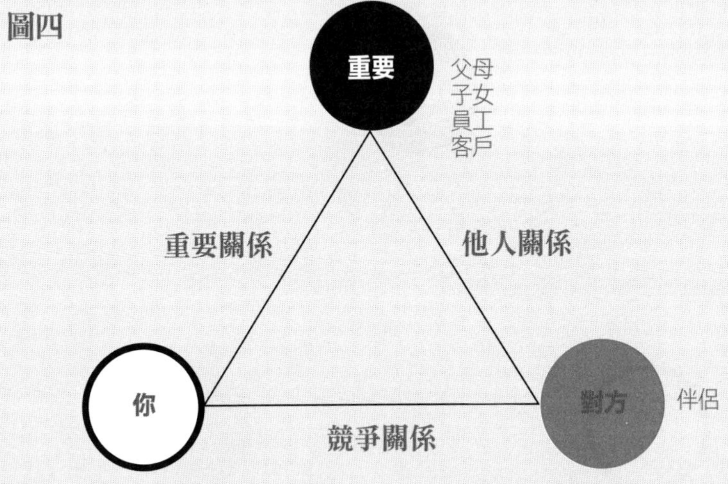

的爺爺、叔叔，或是堂兄弟姊妹都可能是第三人。

三角關係圖除了你自己之外的另外兩個角，可以有各種變化，用來帶入任何對你影響深遠的關係。

長久觀察下來，你就有可能找出常出現在自己人際關係中的模式。

以心悅的親密關係為例，當她把丈夫放在「重要的人」的位置時（圖五），這個三角關係很可能受到心悅幼年時和主要照顧者的三角關係所影響（圖六）。

覺得自己是局外人，因此拚命做更多

心悅上小學前都住在祖父母家。爺爺

圖五

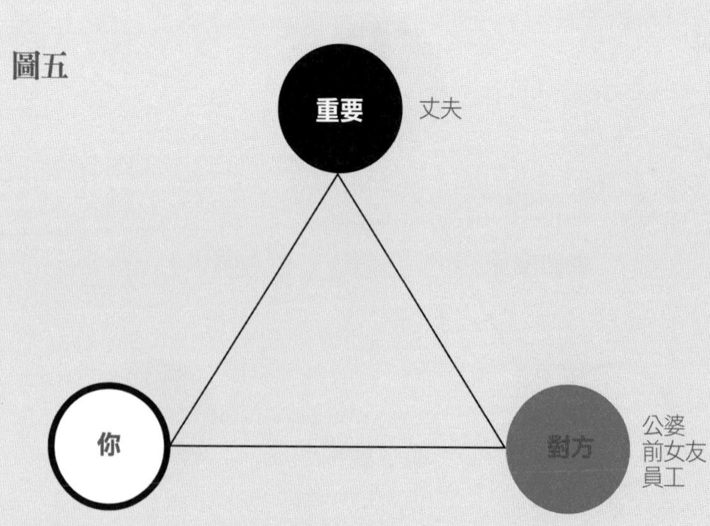

奶奶與大伯父同住，白天伯父伯母上班時，她和堂哥堂弟都是奶奶照顧，而大她七歲的姊姊已經在北部與父母生活，心悅只有放長假時，才能和父母有比較多的相處時間。

心悅小時候的感受就是不管在哪一個家，她都不是長輩心裡最重要的那個孩子。

祖父母同時照顧三個孩子，爺爺偏愛堂哥這個長孫，而堂弟出生後，奶奶把主要精力都花在小嬰兒身上。晚上堂哥、堂弟還可以見到伯父母，自己卻很少看到爸媽。放長假與爸媽相處時，又覺得雙親與姊姊的感情比較好，自己就像局外人一樣。

圖六

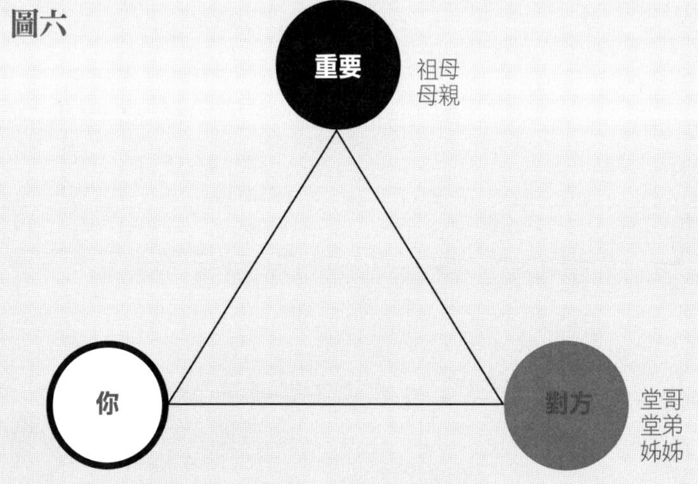

「我是不重要的，我是局外人」的這種感覺一直跟著心悅，所以她在重要的人面前特別努力，總是要做得比其他人更多、更好，希望可以贏得「重要的人」心中的位置。

心悅的三角關係模式可以解釋為什麼她會過於看重先生的評價，導致與先生一起工作，成為她最大的壓力源。

為了「得到先生的肯定」，也讓心悅在公司裡無法以老闆娘／合夥人的角色與員工相處，反而和員工競爭起來。

步驟3：辨識三角關係中「一 X 二 〇」（在關係中應該守住的「界線X」，以及需要培養、灌溉的「方向〇」）

幾乎所有的人際關係議題都可以簡化成三角關係來思考，然後透過三角關係，重新看待你當前的人際困擾。

當你照前述的方法，找出三角形中「重要」與「對方」兩個角後，你該做的，就是「劃出界線」和「經營屬於自己的關係」。

步驟4：遵守關係界線，不過分介入他人關係

什麼是關係界線呢？從圖七來看，三角形中除了你之外的兩個角，他們之間的關係是「他人關係」，是他們兩個人的互動，也是你的「關係界線」。**處理人際議題時，第一步就是從過分介入他人關係中退出來**。

以心悅和丈夫在公司的人際關係為例，當丈夫作為公司老闆和心悅合夥人的角度擺在「重要」位置，「對方」位置可以是員工或客戶。心悅應該尊重的人際界

圖七

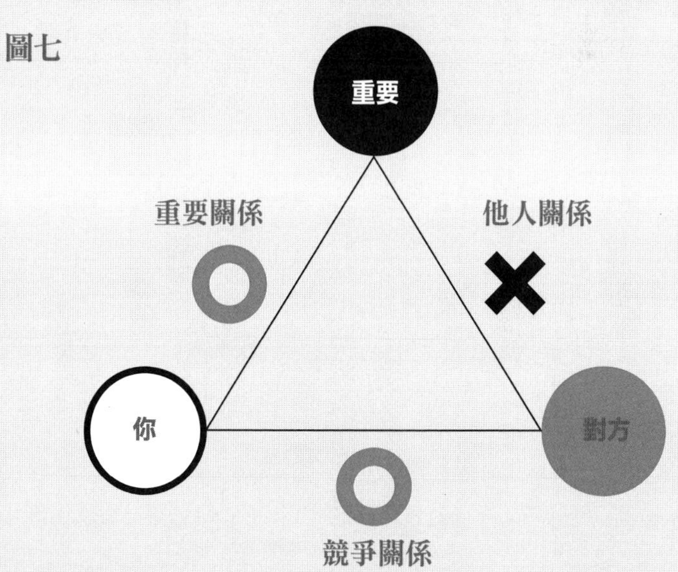

線就是「不過分涉入丈夫與員工或客戶的關係」，而哪些行為或做法算是過分涉入呢？需要心悅好好思考。

別再說「我覺得你應該怎麼做……」

在三人關係中很重要，卻常被忽略的事實是「我只能做好我自己」。我們不但容易只看到別人的錯誤，也常致力於改變他人，徒然做無用之功，甚至造成許多衍生的人際問題。

「我覺得你應該怎麼做……」這類型的想法很常見。我們常不假思索地想把對方變成某種人，例如心悅很想把先生變成內斂溫和的領導者，也許是出於心悅的個人因素，也可能是心悅觀察到某個員工對丈夫這種強勢行動派領導風格吃不消。但我們不適合把個人對「他人關係」的觀察，直接拿來要求對方改變。

三角關係中的人際關係線，由相連的兩個角來決定，不是由自己出發的人際關係線，就不是你該努力的方向，因為那是屬於另外兩個人的範圍。

你可以對他人關係有觀察、有想法，但**你需要尊重關係的界線**。心悅應該尊重先生作為領導者的個人風格，尊重員工與另一個領導者的互動方式。

心悅可以調整和努力的方向，是自己與丈夫間的關係。在工作上，就是兩個領導者的合夥關係。心悅也可以改變自己和員工的溝通方式，因為這是與心悅有關的人際關係。

步驟5：與其和對手競爭，不如經營重要關係

從三角關係的角度來看，「惡性競爭」其實是一種「關係盲點」。我們為了贏得重要他人的愛或認同，所以拚命和對手競爭，把自己的價值建立在和對手比較，把自己的成敗設定成在重要他人心中的評價。

以此為基礎的人際關係都會被扭曲，甚至埋下低自尊與憂鬱的種子。

「惡性競爭」與父母對待你的方式有關

「你愛我，是因為我比他好」嗎？如果一個人所熟悉的愛是有條件的，他相信自己必須達到某個標準，例如贏過周遭的人，才能被重要的人所愛，那麼，為了贏得愛，他就一定要競爭。

如果總是抱著「他比我好，我將不被愛」的恐懼，那他遇到比自己優秀的人，不可能樂見其成，更無法與之合作，從中學習以求進步。說到底，我們無法良性競爭的原因，是與心中沒有「無條件的愛」有關。

所以要幫助自己從「總是太在意別人眼光」、「看到別人好都很難受」、「必須讓自己最優秀」這類的桎梏中解脫出來，**要改善這類根源是惡性競爭所致的心理議題，還是得直面「最初的重要關係」，通常是我們與原生家庭父母的關係**。這就是為什麼心理治療的過程，必定會以各種角度回溯早期關係的原因。

了解自己從原生家庭而來的「局外人」議題

跳回解決人際議題的實務層面，要如何改善和對手的競爭關係呢？那就是把焦點放回重要關係上。

舉例來說，當心悅把員工當成競爭對手，希望贏得丈夫／領導者的肯定時，這樣的人際模式讓心悅把心思花在和員工比較，偏移了自己在公司中的角色和定位。陷入這類的迷思或失落時，她應該回頭檢視自己和丈夫間的重要關係。

從重要關係的角度，先生和心悅同時有夫妻和合夥者兩種關係，當我們過分陷入競爭關係，無法自拔或停損時，通常是因為重要關係出現危機，而**我們不假思索地以為「贏了競爭，就可以挽回重要關係」。實際上，這就是思考誤區**。

舉例來說，表面上，心悅感覺先生過分信任公司某位員工，認為先生在工作上不夠重視及尊重自己，所以不自覺地處處和該員工互相踩腳，偏移了她作為合夥人和老闆娘的身分。

但如果把焦點拉回丈夫與她的兩人關係，因為心悅的父親最近中風住院，整個處理過程讓心悅心力交瘁。可心悅的丈夫把時間都花在公司，沒有在她最需要的時候提供支持，心悅心裡失落。

小時候那種覺得自己處處是局外人的恐懼感再度活躍起來，心悅不自覺地透過比較來確認自己仍否被愛，讓關係發展成惡性競爭，影響了她在工作上的角色發揮。

如果心悅能夠對自己的狀態有所覺察，包含了解自己從原生家庭經驗而來的「局外人」議題，意識到自己因為父親生病帶來的恐懼與壓力，覺察自己對丈夫的埋怨，釐清這些狀態對自己的影響，知道自己心裡真正發生什麼事，惡性競爭的內在需要就會降低，低潮過後，心悅自然就會回歸工作上應該有的態度。

人際互動篇：兩人關係

一、修正關係藍圖的步驟

「你最近過得怎麼樣？」每一次的晤談，幾乎都是從心理師這一句話開始。很多時候，心理師沒有真的問出來，而是用關心的眼神和姿態看著你，然後你就會開始觀察自己的狀態，接著描述自己的經歷和想法。

曾經有人一臉苦惱地跟我說：「來晤談前，我都會想等一下心理師又要問我最近過得好不好了。」

我笑著回他說：「嗯，這樣很好。**如果有一天你不需要再來晤談了，還是要記得常常這樣關心自己。**」

雖然晤談的理論和技巧非常多，但實際的晤談就像是主題性的聊天。**調整關係藍圖的方法就是在問答與自我描述中進行著。**

尋找自己負面情緒的原因

舉例來說，當小蓉在晤談中說：「前幾天，心情都還不錯，但我從昨晚開始就睡不好，今天上班有幾次心悸。」接著，我們開始尋找「這原因不明的負面情緒」的原因。

提到自己睡不好的時候，小蓉乾脆起來整理房間，把男友的書桌收拾乾淨，順便幫男友把衣服換季，然後才去睡。

原來小蓉的男友前幾天出差，今天晚上會回來。出差前，兩個人剛吵了一架。小蓉不滿同居男友總是不分擔家事。兩個人一起住，都要上班，也都常加班，男友卻理所當然地把所有的家事都丟給小蓉處理，小蓉心生不滿，引爆了這次的衝突。

小蓉在男友回來的前一天失眠，卻還趁這個機會，把之前男友抱怨過的地方整理了，也將沒時間換季的衣服打包了。

把小蓉的故事連起來看，你會對她和男友的互動有什麼想法呢？

步驟1：將思考從「被動」轉換到「主動」

如果沒有在晤談室裡和心理師一起思考，小蓉就像大多數的人一樣，也會根據當下的現象做反思。

例如，小蓉的反思是：她不知道自己的內在發生什麼事，不知道自己為什麼有幾天心情很好，而過幾天卻無故陷入低潮，小蓉只覺得自己偶爾會失眠。不過，利用失眠時做的事情，還算不錯，畢竟男友回來發現家裡乾淨、清爽，男友心情變好，小蓉的心情也變好。

因此，小蓉可能會在內心下個結論：原來我與男友需要一點距離，距離會改善我們的關係。

我們日常會做的反思就是觀察一些發生在自己身上的事，然後加以連結，嘗試性地做出一些假設，因為**這樣的連結比較表面且粗淺**，所以建立起的假設，就變成看起來有道理，但難以執行，或是執行後會導致其他問題。

例如坊間流行的那些似是而非的感情悖論，如：女生失戀幾次之後，相信了「女方如果太愛對方，因為在乎，所以付出太多，男方就不會珍惜這段感情」這樣的論點。

為了讓自己在感情中能被珍惜，女生就開始和自己沒那麼喜歡的對象交往，但因為不夠愛對方，所以就不會犯太在乎對方的感受，或過度付出等老毛病，但最終仍因為對感情不夠投入，彼此太疏離，而結束了這段空洞的感情。

小蓉從自己和男友吵架、失眠和心情起伏等現象，她內心可能根據這些訊息做了哪些淺顯、直接的假設呢？

小蓉觀察到男友不願意分擔家事，把家事當成是女人該做的工作。小蓉想著男人可能都是這樣，而自己確實可以做家事，只是有時候太累，會想抱怨而已。如果自己有機會好好休息，就像男友出差這樣的機會，自己休息夠，狀態好，把家事做完，兩個人的關係又會改善了。

「只要我好好休息，兩人的關係就可以維持和諧」這樣的觀察結論，好像滿有道理的，但**實際上，並沒有改變小蓉和伴侶間的不平等。**

在關係中，習慣「退讓」，成全別人

要讓關係藍圖浮現，則需要比前面更深、更廣的連結。

在晤談中，具治療作用的反思，是連結個人先前走過的每個生命階段，找出核心關係議題，然後對現有的互動抽絲剝繭，找出過去藍圖如何影響當下關係的模式。有治療性的反思後，小蓉會意識到自己現在和男友之間的互動方式，是被過去從原生家庭習得的關係藍圖所影響。

關係藍圖讓小蓉在關係中，習慣「退讓」，成全別人。從這個觀點去看待兩人間為了家事分工的爭吵，「讓自己休息好，做完家事，不抱怨」就不是能帶來良性改變的正解。

相對於只是把關係當下的數個現象，連結在一起形成的粗淺假設。**關係藍圖是綜觀個人生命議題，然後重新理解關係現象的一種新視角**。這樣的視角可以把當下關係和原初經驗的挫折連結在一起。也因此，**既能調整現在的關係，同時也可以改變過去經驗對自身所造成的影響**。

因此主動和被動也可以解釋為：只是被動地把自己當成是關係的受影響者或是受害者，或是主動地把自己看成是創造和影響關係的主角。

從關係藍圖的角度，你可以看到自己是如何一步步把新建立的每一段關係都演成重複的老戲碼。

重複「過度付出→隱忍→爆發→繼續忍耐」的劇情

如果小蓉把自己當成是關係中「主動者」的角色，她會發現自己從原生家庭習得的關係藍圖是「一方以低姿態犧牲成全另一方」，所以小蓉總是習慣當「犧牲的角色」，在自己的感情中重複著「過度付出→隱忍→爆發→繼續忍耐」的劇情。

人們不是被動地和某人陷入愛河，而是主動挑選心愛的人建立關係。很多男性都願意平等對待伴侶，小蓉沒有選擇和那樣的對象交往，或是她在關係中，透過「付出和隱忍的循環」，把對方養成了一個漠視伴侶權益的情人。

當小蓉不再只是被動地想辦法去「適應男友」，而是真正了解自己從父母身上習得的關係藍圖，主動地在現在的關係中，調整自己的行為模式，就有可能逐步改變雙方的互動關係。

反饋回自己內在的關係藍圖，也會因此開始更新，成為更適合自己的最優解。

步驟2：「引發」與「維持」

要改變關係裡某些惡性循環的互動前，我們要先從幾次不愉快的互動中，針對對方讓自己不愉快的行為「思前想後」，分別找出自己身上有哪些行為或反應，在前面「引發」了對方的行為，以及在對方行為後，「維持」了雙方的惡性互動（見下圖）。

以小蓉為例，她的關係藍圖是「一方以低姿態犧牲成全另一方」。她習慣「犧牲」，在關係中重複著「過度付出↓隱忍↓爆發↓繼續忍耐」的劇本。我們以她和男友其中一次「不公平的互動」作為例子，看小蓉做了哪些引發和維持行為。

某天下班回家，小蓉開心地與男友分享自己今天上班做得還不錯的部分。男友聽了，非但沒有替小蓉開心，甚至開

關係中的「引發」和「維持」

自己 ⇄ 對方

「引發」對方的行為
「維持」互動的反應

對方的行為

始數落小蓉因為工作而耽誤了家事，抱怨家裡很髒亂，要求小蓉打掃。

在這一次不愉快的互動中，小蓉之前做了什麼行為，可能會引發男友的不平等要求，之後又做了什麼行為，會維持男友繼續自己的不平等要求呢？

表面要求對方做家事，實則像攻擊

在男友抱怨之前，小蓉正在與他分享上班的成就感，男友非但沒有給予小蓉期待中的正向反應，反而像是想證明小蓉也有缺點一般，指責小蓉沒有兼顧家事。

小蓉的正向情緒或是好表現，可能是引發男友攻擊的原因。小蓉可以回想過去類

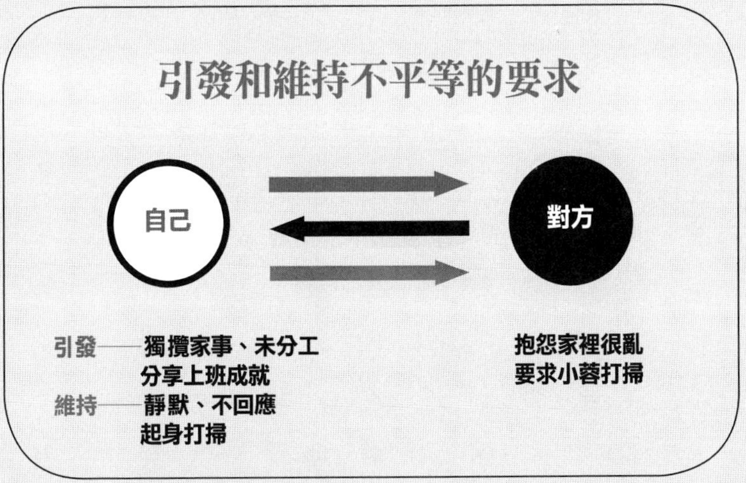

引發和維持不平等的要求

自己

對方

引發——獨攬家事、未分工
分享上班成就
維持——靜默、不回應
起身打掃

抱怨家裡很亂
要求小蓉打掃

似的爭執，或是在後續的日子裡，繼續觀察，看看這是否就是其中一個引發因子。

另外，一個較遠的引發因子是小蓉和男友從未討論過家事分工。顯然男友不認為自己應該與女友一起分擔，而小蓉的默許，也縱容男友如此行事。

男友表面上要求小蓉做家事，實則像是攻擊小蓉。想破壞小蓉的好心情，或是突顯自己比小蓉好。

小蓉當下的反應會決定男友未來是否會繼續這樣的行為。

在有更深地覺察之前，小蓉一直都是沉默以對，甚至如果手頭上沒事，她會找理由說服自己去做家事，例如她會這麼想：「家事本來就要有人做，反正我現在沒事就可以做！」「家裡乾淨，我自己也舒服」等阿Q式的轉念。

因為小蓉的「維持」，表面上兩人的矛盾好像解決了，但實際上這樣的互動會讓雙方心靈蒙受損失。

小蓉不自覺地在成年後的親密關係裡，複製早年的關係藍圖，而**男友也失去機會，覺察自己身上的心理與關係議題。**

步驟3：重建的第一步，是停止「反應」

如果小蓉想改變自己與男友的負向互動，甚至調整自己的關係藍圖，第一步該怎麼做呢？那就是「停止反應」：讓自己停止不假思索地直接做出「引發」或是「維持」的反應。

以前面的例子來說，小蓉應該開始與男友討論家事分工，「不再默許」男友把家事視為小蓉單方面的責任。在男友要求自己做家事的時候，不再沉默，不再為了化解衝突，而說服自己去做家事。

停止反應，是為了思考與改變

停止反應的目的，是在原本習以為常的負向循環中，空出思考與改變的時間。在很多情況下，這意味著關係衝突，甚至破裂。要踏出這第一步，並不容易。

以小蓉的例子來說，當男友帶著攻擊意味，要求她去做家事，小蓉不再沉默與順從時，那就表示不同意男友的觀點，兩人當天就會起更大的爭執，很可能不歡而散，各自一夜難眠。

對很多心靈持續反思與成長的人來說，關係衝突後的思考會帶來改變的契機。小蓉可能會覺察到自己太害怕被別人指責，也可以真實的體驗到無法為自己爭取權益的原因，是因為害怕對方會因為自己的要求而離開。

這些領悟和感受雖然很不舒服，但是卻有益於小蓉更深層去理解自己，探索那些從小習得深藏潛意識裡的情緒經驗。

除了提升自我覺察，小蓉還需要強大自己的心靈，以跨越這層恐懼，未來才能在兩人關係中，自在地表達自我，並要求對方給予自己平等的尊重。

男友也可能在衝突中學習和成長，也許他會在小蓉的激烈抗議中，意識到自己對伴侶的要求不合理，更深地連結到自己的原生家庭，也可能會覺察到自己不自主地和女友競爭，希望自己樣樣都比女友強，才能維持尊嚴或保證自己被愛。

停止反應，打破舊循環，會帶來衝突和機會。有些人因此改變，有些人則還需要再加把勁。

步驟4：思考之後，做出「新回應」

停止舊的反應之後，我們還需要更進一步對症下藥，那就是在關係中做出嶄新的回應。

在理解過去的關係藍圖，和當下人際互動間的關聯後，再反思與調整才做出的行為，稱為「新回應」。

捨棄舊方式，用「新方式」回應對方

小蓉了解到自己走著母親的老路，以為在關係裡隱忍對方是愛的樣貌。她決心找出屬於自己新的劇本，不再容忍伴侶的過度要求，甚至攻擊，所以在男友攻擊似的要求她去打掃時，她回應男友：「為什麼你要用這樣的聲音和語氣對我說這件事？你讓我覺得自己沒做家事好像一無是處。」或是「我剛剛跟你分享工作上開心的事情。當你跟我說開心的事的時候，我都會替你高興，我期待你也可以這麼對我。」

這只是其中的幾個可能。結合領悟後的新回應，有各種可能性，但都和調整後的關係藍圖有關。

當互動中的一方採取新的行動，另一方就會被驅使著開始思考，互動就會產生新的可能性，關係藍圖的改變就開始了。

二、改變關係藍圖的步驟

為了把改變的步驟說得更清楚，我列舉出常見的四種關係藍圖中的角色，分別說明在不同的互動關係裡，引發、維持、停止反應以及做出新回應，分別有哪些相同與相異之處。

四種角色分別是受害者、加害者、拯救者與局外人，你可以參閱本書特別企劃裡的「關係角色自我檢核表」。了解自己在某段關係中的言行和態度，比較偏像哪一個角色，搭配後面的案例，讓你對改變自己的方式有更多靈感。

每個人的關係藍圖都是獨一無二的，互動模式與習慣的角色，當然也不只四種，而且同一個人在不同關係裡，也可能有不同的互動風格。

大家在閱讀時不需要花過多時間，企圖幫自己精準分類，應著重於探索自己在關係中，可以調整的面向。

步驟1：讓新回應幫你擺脫受害者角色

我們前面所提到的小蓉，就是個受害者角色的例子。她在關係中過度順從、忍耐，所以引發並維持了自己和男友間的負向互動。

對小蓉來說，停止舊反應就是不再做那些她不想做的事情。以前面的例子來說，就是不再勉強自己去做男友要求的家事，而**她的新回應就是嘗試透過溝通，告知男友自己的需求，並要求平等互動**。

受害者的角色容易讓互動的另一方成為加害者，如同小蓉的例子，或者是期待對方成為拯救者。

更多時候，習慣以受害者角色自居的人，都找拯救者來當伴侶，最後陷入負向循環，每個英雄都成了加害者。

例如前面故事中，愛上媽寶的思澄和受苦於憤怒情人的孟喬。她們愛上對方的英雄特質，有時是陽光開朗，有時是能和自己互補的其他特質，因為對方擁有自己所缺乏的能力，可以幫助自己減輕生活中的焦慮。

如果關係中的互補，是把對方當成自己的擋箭牌，讓彼此都不用面對個人的短處，不用積極自我提升，那麼，這段感情必然對兩人都有害。

步驟2：放下拯救者角色，讓彼此都做自己

習慣當拯救者的人，也很容易不小心就落入加害者角色，像前面章節中提到的控制情人。

故事中的明宏對妻子若蘭非常照顧，讓原生家庭中被忽視的若蘭，可以得到足夠的關注。在兩人關係中，明宏一開始是拯救者的角色。以兩人作息為例，明宏利用早餐，以及和若蘭一起出門，是想改變若蘭賴床的習慣，但是他過分照顧的行為，卻讓若蘭更想透過晚起，錯開彼此作息時間，來保有個人的空間。

從這個角度來看，**明宏過度付出與額外的照顧，其實引發或維持了若蘭的疏離反應。而伴侶的疏離又會回過頭讓明宏為了鞏固關係而付出更多，最後成了帶給伴侶壓力的加害者**。

明宏應該停止單方向的付出，停下來，好好思考對方的需求，同時放下對方的議題。例如若蘭的賴床與疏離，都是她的個人選擇與人生功課。明宏可以和她溝通，但

是不需要透過照顧來控制對方，企圖讓對方改變。

步驟3：不再習慣背鍋，你不一定要做壞人

加害者角色的故事很少，因為大部分的人不會意識到自己接受，甚至實踐了「加害者」設定，所以不會用加害者的角度來描述自己的故事。

但實際上，有受害者或拯救者的地方就有加害者，甚至我們每個人稍有不慎，都可能在某個瞬間被某個人當成加害者。

若是自小受苦於某種關係脈絡裡，例如一直都被重要他人看成加害者，甚至被整個家族當作代罪羔羊，那麼，長大之後，這個人心裡沒有平等互助的關係藍圖，自然會為了保護自己的權益，用傷害或利用的手段，保證自己在關係中是高姿態，且握有權力的一方。

以花心情人中的嬈嬈和小剛為例，**他們在小時候是父母不幸婚姻下的受害者，卻一直被父母視為自己人生的加害者，所以沒有機會建立良好的親子關係。**

長大後，為了得到愛，他們視情人為拯救者。情人的體貼與照顧可以讓他們得到安

全感，但同時他們又極度害怕帶給別人負擔而被拋棄，所以嬈嬈稍微和男友吵架、冷戰，就需要趕快找其他男性友人談心。小剛則習慣同時和好幾個女性維持曖昧關係，因為他不想讓自己落入孤單的處境。

對他們倆來說，自我保護比另一半的感受更重要，也比維持關係和諧更重要。

為了安全感、自我保護，成為加害者

加害者角色的引發行為，就是他們為了自己的安全感，做了侵害對方權益的選擇。這行為的界定很微妙，例如有固定伴侶的人，可不可以找異性聊天？如果沒有和任何人許下承諾，是否就可以同時追求對象？但是，若放在特定關係脈絡中，就會看得很清楚。

當嬈嬈與男友冷戰後，隨即約異性朋友深夜一起單獨喝酒，這麼做之後，嬈嬈在感情關係裡會被男友視為加害者。如果嬈嬈不清楚自己的內在到底發生什麼事情，她可能陷入混亂中而無法澄清，維持了在關係中花心的加害者角色。

當嬈嬈或小剛被自己的對象質疑時，他們常常會選擇逃避，或是保持高姿態，繼續我行我素。

在心裡，他們可能很混亂。更多時候，他們同意對方「安給自己的罪名」，認為自己就是「無法專一的背叛者」。

如果他們能停止迴避，停下不斷換新對象的循環，嬈嬈會發現自己太害怕被男友拋棄。潛意識裡，她覺得如果被對方先提分手，自己就沒有價值。

這些負向的自我概念，讓嬈嬈無法好好正視雙方當下的衝突點。也許想清楚後，可以調整，並沒有像她想像的那麼可怕，反而是她的逃避行為，才帶給感情致命的打擊。

步驟4：和他人產生連結，不當隱形人

早年經驗裡，被安排成局外人角色的孩子，長大後，可能有幾種不同的心理角色。有的人被忽略的受害感比較深，所以習慣在關係裡擔任受害者；有的局外人角色還背了家庭的黑鍋，比較像代罪羔羊，所以認同了自己是加害者的角色；另外一些人日後繼續維持局外人角色。他們不擅長和他人建立關係，甚至稍微親密一點的關係，都會讓他們產生危機感。同時，他們也深受不被愛和寂寞的感受所苦。他們的人際處境

堪稱「進退兩難」。

在前面章節中，曾提過不敢爭取女友位置的巧芸，和在戀愛中保持距離的簡甄，她們都是局外人角色的例子。

在她們的例子中，她們不敢進入對方的生活，或是對伴侶缺乏好奇心，是她們引發和維持局外人劇本的行為。

在她們自己看來，這只是習慣反應。沒有意識到自己這麼做，是因為過去「局外人」的經驗，讓自己在建立親密關係時，因缺乏自信而深感焦慮。唯有保持距離，不爭不搶，才有安全感。

不過分介入和保持距離，在她們自己看來是自我保護，但對想要增進親密關係的另一半來說，這就是一種拒絕。

在局外人的劇本裡，所謂停下舊反應就是指「不再拒絕」，但這一點，會讓他們焦慮大增。因為在他們的心裡，只有兩種選擇，一個是「拒絕」，另一個是「全盤接受」。

在很多局外人的故事裡，他們的原生家庭關係往往是過度親密，同時極端疏離。每一個局外人角色的孩子都羨慕另一個受重視的孩子，但另一個孩子多半是被控制的親職小孩，所以儘管羨慕，但是過度黏膩且控制的關係，也令人心生恐懼，所以局外人更深一層的擔心是：「當我進入關係，我是不是會失去自己？」

如何擺脫局外人劇本？

能夠調整局外人劇本的新回應，是建立在清楚的自我了解，與勇敢的自我表達。

舉例來說，巧芸是不是足夠了解自己想要的伴侶類型，以及想要的親密關係模式。她允許對方把自己當成「部分時間的情人」，是因為不夠喜歡對方，還是害怕太在乎對方？

與其在心裡猜測對方有正宮女友，卻仍和對方約會、搞曖昧，在承擔未知的心理壓力下，同時默默地在心裡自我貶抑，倒不如開誠布公地表達對約會對象的好奇。

在尊重對方的隱私和意願前提下，雙方對彼此的興趣與默契，才是建立一段親密關係良好的基石。

步驟5：往自知、自尊、自愛前進

下表是四種關係角色改變方向的整理，儘管不同角色用來引發和維持的行為，從表面上看來都不同，但本質上都是自我壓抑、缺乏自我認識，或是拒絕自我表達，而所產生的新回應都是更加重視自己、更懂得照顧自己的情緒、更清楚地表達自己的需要，同時也允許並支持自己的伴侶如此做。

當事者角色	受害者	拯救者	加害者	局外人
對方角色	加害者 拯救者	受害者	受害者	一群受害者
引發／維持	順從、忍耐、依賴、壓抑自我	滿足對方需求、照顧對方、壓抑自我	透過傷害對方，創造有利局面，保護自己 被誤解、不澄清	排他與敵意、保持疏離
停下舊反應	不做不想做的事	停止單向付出	停止關係中的高姿態	停止拒絕姿態
思考新回應	自我尊重、兼顧自我需求	允許對方做自己，放下對方的議題	解決關係中的不安，建立平等關係	表達需求，主動開放地建立關係

換句話說，調整關係藍圖的大方向是：即使在最親密的關係裡，仍保持彼此的自我成長，每個人都能往自知、自尊、自愛的道路邁進。

國家圖書館預行編目資料

愛情創傷來自童年創傷：走出受害者、拯救者、加害者的陰影與複製／黃惠萱著. ——初版. ——臺北市；寶瓶文化事業股份有限公司, 2021.12
面； 公分, ——（Vision；220）
ISBN 978-986-406-271-3（平裝）
1. 戀愛 2. 女性心理學 3. 兩性關係
544.37 110020350

Vision 220

愛情創傷來自童年創傷——走出受害者、拯救者、加害者的陰影與複製

作者／黃惠萱 臨床心理師
副總編輯／張純玲

發行人／張寶琴
社長兼總編輯／朱亞君
資深編輯／丁慧瑋　編輯／林婕伃
美術主編／林慧雯
校對／張純玲・陳佩伶・劉素芬
營銷部主任／林歆婕　業務專員／林裕翔　企劃專員／李祉萱
財務主任／歐素琪
出版者／寶瓶文化事業股份有限公司
地址／台北市110信義區基隆路一段180號8樓
電話／(02) 27494988　傳真／(02) 27495072
郵政劃撥／19446403　寶瓶文化事業股份有限公司
印刷廠／世和印製企業有限公司
總經銷／大和書報圖書股份有限公司　電話／(02) 89902588
地址／新北市五股工業區五工五路2號　傳真／(02) 22997900
E-mail／aquarius@udngroup.com

法律顧問／理律法律事務所陳長文律師、蔣大中律師
如有破損或裝訂錯誤，請寄回本公司更換
著作完成日期／二〇二一年九月
初版一刷日期／二〇二一年十二月
初版二刷日期／二〇二一年十二月二十九日
ISBN／978-986-406-271-3
定價／三六〇元

愛書人卡

感謝您熱心的為我們填寫，
對您的意見，我們會認真的加以參考，
希望寶瓶文化推出的每一本書，都能得到您的肯定與永遠的支持。

系列：vision 220　**書名：愛情創傷來自童年創傷——走出受害者、拯救者、加害者的陰影與複製**

1. 姓名：＿＿＿＿＿＿＿＿　性別：□男　□女
2. 生日：＿＿年＿＿月＿＿日
3. 教育程度：□大學以上　□大學　□專科　□高中、高職　□高中職以下
4. 職業：＿＿＿＿＿＿＿
5. 聯絡地址：＿＿＿＿＿＿＿＿＿＿＿＿＿＿＿＿＿＿

   聯絡電話：＿＿＿＿＿＿＿＿　手機：＿＿＿＿＿＿＿＿
6. E-mail信箱：＿＿＿＿＿＿＿＿＿＿＿＿＿＿

   □同意　□不同意　免費獲得寶瓶文化叢書訊息
7. 購買日期：＿＿年＿＿月＿＿日
8. 您得知本書的管道：□報紙／雜誌　□電視／電台　□親友介紹　□逛書店　□網路

   □傳單／海報　□廣告　□其他
9. 您在哪裡買到本書：□書店，店名＿＿＿＿＿　□劃撥　□現場活動　□贈書

   □網路購書，網站名稱：＿＿＿＿＿＿　□其他＿＿＿＿＿
10. 對本書的建議：（請填代號　1. 滿意　2. 尚可　3. 再改進，請提供意見）

    內容：＿＿＿＿＿＿＿＿＿＿＿＿

    封面：＿＿＿＿＿＿＿＿＿＿＿＿

    編排：＿＿＿＿＿＿＿＿＿＿＿＿

    其他：＿＿＿＿＿＿＿＿＿＿＿＿

    綜合意見：＿＿＿＿＿＿＿＿＿＿＿＿＿＿＿＿＿＿＿＿＿＿
11. 希望我們未來出版哪一類的書籍：＿＿＿＿＿＿＿＿＿＿＿＿＿＿＿＿

讓文字與書寫的聲音大鳴大放

寶瓶文化事業股份有限公司

（請沿此虛線剪下）

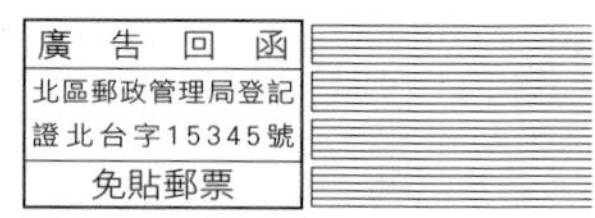

寶瓶文化事業股份有限公司收

110台北市信義區基隆路一段180號8樓
8F,180 KEELUNG RD.,SEC.1,
TAIPEI.(110)TAIWAN R.O.C.

（請沿虛線對折後寄回，或傳真至02-27495072。謝謝）